赵剑英　主编
Zhao Jianying　Editor

理解中国丛书
Understanding China Series

The Chinese Path of Rule of Law Construction

法治建设的中国路径

田禾　吕艳滨　主编
By Tian He　Lü Yanbin

中国社会科学出版社
CHINA SOCIAL SCIENCES PRESS

图书在版编目（CIP）数据

法治建设的中国路径 / 田禾，吕艳滨主编. —北京：中国社会科学出版社，2018.12（2019.6 重印）

（理解中国丛书）

ISBN 978 - 7 - 5203 - 3571 - 3

Ⅰ.①法… Ⅱ.①田…②吕… Ⅲ.①社会主义法制—建设—研究—中国 Ⅳ.①D920.0

中国版本图书馆 CIP 数据核字（2018）第 254366 号

出 版 人	赵剑英
项目统筹	王　茵　孙　萍
责任编辑	王　茵
特约编辑	李溪鹏
责任校对	杨　林
责任印制	王　超

出　　版	中国社会科学出版社
社　　址	北京鼓楼西大街甲 158 号
邮　　编	100720
网　　址	http://www.csspw.cn
发 行 部	010 - 84083685
门 市 部	010 - 84029450
经　　销	新华书店及其他书店

印刷装订	北京君升印刷有限公司
版　　次	2018 年 12 月第 1 版
印　　次	2019 年 6 月第 2 次印刷

开　　本	710×1000　1/16
印　　张	17
插　　页	2
字　　数	300 千字
定　　价	48.00 元

凡购买中国社会科学出版社图书，如有质量问题请与本社营销中心联系调换
电话：010 - 84083683
版权所有　侵权必究

《理解中国》丛书编委会

编委会主任： 王伟光

编委会副主任： 李 扬　李培林　蔡 昉

编委会成员（以拼音字母为序）：

卜宪群　蔡 昉　高培勇　郝时远　黄 平
金 碚　李 林　李培林　李 扬　马 援
王 镭　王 巍　王伟光　杨 义　赵剑英
周 弘　卓新平

主编： 赵剑英

编辑部主任： 王 茵

编辑部成员： 孙 萍　朱华彬　喻 苗

出版前言

自鸦片战争之始的近代中国，遭受落后挨打欺凌的命运使大多数中国人形成了这样一种文化心理：技不如人，制度不如人，文化不如人，改变"西强我弱"和重振中华雄风需要从文化批判和文化革新开始。于是，中国人"睁眼看世界"，学习日本、学习欧美以至学习苏俄。我们一直处于迫切改变落后挨打、积贫积弱，急于赶超这些西方列强的紧张与焦虑之中。可以说，在一百多年来强国梦、复兴梦的追寻中，我们注重的是了解他人、学习他人，而很少甚至没有去让人家了解自身、理解自身。这种情形事实上到了1978年中国改革开放后的现代化历史进程中亦无明显变化。20世纪八九十年代大量西方著作的译介就是很好的例证。这就是近代以来中国人对"中国与世界"关系的认识历史。

但与此并行的一面，就是近代以来中国人在强国梦、中华复兴梦的追求中，通过"物质（技术）批判""制度批判""文化批判"一直苦苦寻求着挽救亡国灭种、实现富国强民之"道"，这个"道"当然首先是一种思想，是旗帜，是灵魂。关键是什么样的思想、什么样的旗帜、什么样的灵魂可以救国、富国、强国。一百多年来，中国人民在屈辱、失败、焦虑中不断探索、反复尝试，历经"中学为体，西学为用"、君主立宪实践的失败，西方资本主义政治道路的破产，"文化大革命"的严重错误以及20世纪90年代初世界社会主义的重大挫折，终于走出了中国革命胜利、民族独立解放之路，特别是将科学社会主义理论逻辑与中国社会发展历史逻辑结合在一起，走出了一条中国社会主义现代化之路——中国特色社会主义道路。经过最近三十多年的改革开放，中国社会主义市场经济快速发展，经济、政治、文化和社会建设取得伟大成就，综合国力、文化软实力和国际影响力大幅提升，中国特色社会主义取得了巨大成功，虽然还不完善，但可以说其体制制度基本成型。百年追梦的中国，正以更加坚定的道路自信、理论自信和制度自信的姿态，崛起于世界民族之林。

与此同时，我们应当看到，长期以来形成的认知、学习西方的文化心理习惯使我们在中国已然崛起、成为当今世界大国的现实状况下，还很少积极主动向世界各国人民展示自己——"历史的中国"和"当今现实的中国"。而西方人士和民族也深受中西文化交往中"西强中弱"的习惯性历史模式的影响，很少具备关于中国历史与当今发展的一般性认识，更谈不上对中国发展道路的了解，以及"中国理论""中国制度"对于中国的科学性、有效性及其对于人类文明的独特价值与贡献这样深层次问题的认知与理解。"自我认识展示"的缺位，也就使一些别有用心的不同政见人士抛出的"中国崩溃论""中国威胁论""中国国家资本主义"等甚嚣尘上。

可以说，在"摸着石头过河"的发展过程中，我们把更多的精力花在学习西方和认识世界上，并习惯用西方的经验和话语认识自己，而忽略了"自我认知"和"让别人认识自己"。我们以更加宽容、友好的心态融入世界时，自己却没有被客观真实地理解。因此，将中国特色社会主义的成功之"道"总结出来，讲好中国故事，讲述中国经验，用好国际表达，告诉世界一个真实的中国，让世界民众认识到，西方现代化模式并非人类历史进化的终点，中国特色社会主义亦是人类思想的宝贵财富，无疑是有正义感和责任心的学术文化研究者的一个十分重要的担当。

为此，中国社会科学出版社组织一流专家学者编撰了《理解中国》丛书。这套丛书既有对中国道路、中国理论和中国制度总的梳理和介绍，又有从政治制度、人权、法治，经济体制、财经、金融，社会治理、社会保障、人口政策，价值观、宗教信仰、民族政策，农村问题、城镇化、工业化、生态建设，以及古代文明、哲学、文学、艺术等方面对当今中国发展和中国历史文化的客观描述与阐释，使中国具象呈现。

期待这套丛书的出版，不仅可以使国内读者更加正确地理解100多年中国现代化的发展历程，更加理性地看待当前面临的难题，增强全面深化改革的紧迫性和民族自信，凝聚改革发展的共识与力量，也可以增进国外读者对中国的了解与理解，为中国发展营造更好的国际环境。

赵剑英

2014年1月9日

目 录

导论 从"依法治国"到"全面依法治国" …………… (1)

第一章 科学立法:完善法律体系 …………………… (9)
  一 引言 ………………………………………………… (9)
  二 立法状况 …………………………………………… (10)
    (一)适应社会发展,回应社会需求 ……………… (10)
    (二)确保改革有序,保障法制统一 ……………… (12)
    (三)坚持以人为本,推进权利保障 ……………… (13)
    (四)关注环境立法,防止环境污染 ……………… (14)
    (五)立改废停并举,确保立法质量 ……………… (16)
    (六)扩大立法主体,促进地方立法 ……………… (17)
    (七)坚持开门立法,践行民主立法 ……………… (18)
    (八)依托评估检查,推进科学立法 ……………… (19)
  三 未来展望 …………………………………………… (20)
    (一)提高立法效率,支持深化改革 ……………… (20)
    (二)加强立法公开,扩大民主立法 ……………… (21)
    (三)重视立法规划,完善立法计划 ……………… (22)

第二章 法治政府:把权力关进制度笼子 (23)
 一 中国建设法治政府目标的提出 (23)
 二 加快政府职能转变 (25)
  (一) 稳步推进机构改革 (26)
  (二) 深化行政审批制度改革 (28)
  (三) 改革商事登记制度 (31)
  (四) 推行权责清单制度 (32)
  (五) 着力培育社会力量 (33)
 三 健全政府依法决策机制 (34)
  (一) 行政决策制度化 (35)
  (二) 行政决策程序化 (36)
  (三) 决策责任终身制 (39)
 四 深化行政执法体制改革 (40)
  (一) 推动综合执法改革 (41)
  (二) 严格行政执法程序 (43)
  (三) 加强行政执法队伍建设 (44)
  (四) 规范公安行政执法 (45)
 五 全面推进政务公开 (46)
  (一) 在部分重点领域取得突破 (47)
  (二) 平台呈立体多元态势 (49)
  (三) 由单向转为互动模式 (49)
 六 法治政府发展展望 (50)

第三章 司法改革:维护公平正义 (53)
 一 中国的司法制度概况 (53)

（一）审判制度 ·· (53)
　　（二）检察制度 ·· (55)
　　（三）司法行政制度 ·· (56)
二　司法改革的进程与目标 ·· (56)
三　司法改革的举措与成效 ·· (59)
　　（一）依法独立公正行使审判权和检察权 ···························· (59)
　　（二）优化司法职权配置 ·· (68)
　　（三）规范司法权运行 ·· (77)
　　（四）司法保障人权 ·· (88)
四　司法改革展望 ·· (93)
　　（一）巩固改革成果 ·· (93)
　　（二）细化落实改革举措 ·· (94)

第四章　民商法治：筑权利保障基石 ·································· (96)
一　中国民商法治概况 ·· (96)
二　人身关系法治 ·· (98)
三　民事财产法治 ··· (100)
　　（一）合同 ··· (100)
　　（二）土地承包 ··· (101)
　　（三）物权 ··· (102)
　　（四）侵权 ··· (104)
四　民法典的编纂 ··· (105)
　　（一）私权保障 ··· (106)
　　（二）生态保护 ··· (108)
五　商事法治建设 ··· (110)
　　（一）商事法律体系 ··· (111)
　　（二）商法制度结构 ··· (113)

（三）商事监管制度 …………………………………………（115）
　　（四）商事审判机制 …………………………………………（117）

第五章　经济法治：护航发展"新常态" ………………………（119）
　一　中国经济法治概况 ……………………………………………（119）
　二　竞争法治与消费者保护 ………………………………………（121）
　　（一）反垄断法体系 …………………………………………（121）
　　（二）反不正当竞争法 ………………………………………（123）
　　（三）消费者保护 ……………………………………………（126）
　三　财税法治 ………………………………………………………（129）
　　（一）21世纪以来财税法治 …………………………………（129）
　　（二）财税法典型制度 ………………………………………（132）
　四　金融法治 ………………………………………………………（134）
　　（一）金融法体系性完善 ……………………………………（134）
　　（二）促进传统金融业创新与放开 …………………………（136）
　　（三）金融创新的风险防范 …………………………………（137）

第六章　社会法治：解民生之多艰 ………………………………（139）
　一　中国社会法治概况 ……………………………………………（141）
　　（一）社会保险 ………………………………………………（141）
　　（二）社会救助 ………………………………………………（146）
　　（三）社会福利 ………………………………………………（149）
　　（四）慈善及其他 ……………………………………………（153）
　二　中国社会法治取得的成效 ……………………………………（155）
　　（一）保障水平不断提高 ……………………………………（155）
　　（二）监督体系日渐完善 ……………………………………（156）
　　（三）配套制度同步推进 ……………………………………（157）

（四）凸显民众需求导向 …………………………………… (159)
　　（五）多元共治格局初现 …………………………………… (162)
　　（六）依托互联网+效能提升 ……………………………… (164)
　三　中国社会法治的前景展望 ………………………………… (164)
　　（一）制度建设更加公平统一 ……………………………… (165)
　　（二）立法修法任务依然繁重 ……………………………… (166)
　　（三）社会执法监管强化落实 ……………………………… (169)
　　（四）基层经办实施更上层楼 ……………………………… (170)
　　（五）完善多元纠纷解决体系 ……………………………… (171)
　　（六）明确政府责任强化保障 ……………………………… (172)

第七章　人权法治：为了人的尊严 ……………………………… (174)
　一　中国人权概况 ……………………………………………… (174)
　二　缩小城乡差距，促进一体发展 …………………………… (177)
　　（一）全国人大代表选举实现同票同权 …………………… (177)
　　（二）户籍制度改革 ………………………………………… (178)
　　（三）强化保护农民和农民工合法权益 …………………… (181)
　三　废除劳动教养，健全社区矫正 …………………………… (182)
　四　司法保障人权，关注特定人群 …………………………… (185)
　五　防止冤假错案，完善国家赔偿 …………………………… (189)
　六　严打两类犯罪，保护妇女儿童 …………………………… (191)
　　（一）取消嫖宿幼女罪 ……………………………………… (191)
　　（二）打击贩卖人口 ………………………………………… (193)

第八章　廉政法治："苍蝇""老虎"一起打 ……………………… (199)
　一　中国廉政法治 ……………………………………………… (199)
　二　政治生态焕然一新 ………………………………………… (201)

三 建成廉政法治体系 ……………………………………… (205)
　（一）完善党内法规体制建设 ………………………… (205)
　（二）加强对公权力的管理和监督 …………………… (206)
四 加强党纪实践，保持反腐常态化 ……………………… (209)
　（一）中央巡视全覆盖 ………………………………… (209)
　（二）预防与惩罚并举 ………………………………… (211)
　（三）反腐败势头强劲 ………………………………… (212)
五 零容忍态度惩治腐败，加强反腐败国际合作 ………… (212)
　（一）跨国追逃追赃 …………………………………… (212)
　（二）加强国际反腐合作，反腐行动效果显著 ……… (214)
六 创新廉政体制改革，启动监察体制改革 ……………… (214)
　（一）顶层设计：设立监察委员会 …………………… (214)
　（二）试点改革 ………………………………………… (216)
七 全面从严治党永远在路上 ……………………………… (217)

附　录 …………………………………………………………… (219)

参考文献 ………………………………………………………… (239)

索　引 …………………………………………………………… (250)

后　记 …………………………………………………………… (255)

导　论

从"依法治国"到"全面依法治国"

　　法律是治国之重器，法治是国家治理体系和治理能力的重要依托。全面依法治国，是中国共产党和中国人民深刻总结中国社会主义建设成功经验和深刻教训而做出的重大抉择。

　　改革开放以来，中国共产党和中国领导人多次强调"法律"的重要性，对推进依法治国、建设社会主义法治国家进行了积极的谋划和部署。1978年12月，邓小平同志在中共十一届三中全会上指出："为了保障人民民主，必须加强法制建设。"1982年9月，中共十二大提出："继续健全社会主义民主和法制。"1987年10月，中共十三大强调："必须一手抓建设和改革，一手抓法制。法制建设必须贯穿于改革的全过程。"1992年10月，中共十四大进一步提出："没有民主和法制就没有社会主义，就没有社会主义的现代化。"1997年9月，中共十五大明确提出，"健全社会主义法制，依法治国，建设社会主义法治国家""依法治国，是党领导人民治理国家的基本方略"，第一次以党中央最高政治文件的方式确认依法治国的"基本方略"地位。1999年3月，九届全国人大二次会议审议通过《宪法修正案》，将"依法治国，建设社会主义法治国家"载入宪法，使"依法治国"成为一项宪法原则，完成了从党的主张到国家意志的转变。

中共十五大以来的二十年，中国法治事业不断推向前进，依法治国向纵深发展。2002年11月，中共十六大提出，"发展社会主义民主政治，最根本的是要把坚持党的领导、人民当家作主和依法治国有机统一起来"。进一步明确了依法治国的本质特征和发展道路，将社会主义民主更加完善、社会主义法制更加完备、依法治国基本方略得到全面落实作为全面建设小康社会的重要目标。2007年10月，中共十七大提出依法治国是社会主义民主政治的基本要求，强调要"全面落实依法治国基本方略，加快建设社会主义法治国家"。2011年3月，全国人大常委会在十一届全国人大四次会议上宣布，中国特色社会主义法律体系如期形成。2012年11月，中共十八大围绕"全面推进依法治国，加快建设社会主义法治国家"的战略目标，提出了一系列新理念、新命题、新任务：确认法治是治国理政的基本方式，强调要更加注重发挥法治在国家治理和社会管理中的基本作用。

中共十八大以来，以习近平同志为核心的党中央把全面依法治国提到"四个全面"战略布局的新高度，提出了全面依法治国的新理念、新思想、新战略，开辟了全面依法治国理论和实践的新境界，开启了中国特色社会主义法治的新时代。2013年11月，十八届三中全会将"推进法治中国建设"作为全面深化改革的重要任务，首次提出"建设法治中国，必须坚持依法治国、依法执政、依法行政共同推进，坚持法治国家、法治政府、法治社会一体建设"。2014年10月，十八届四中全会专题研究全面推进依法治国重大问题，并做出《中共中央关于全面推进依法治国若干重大问题的决定》，明确了全面推进依法治国的总目标和总蓝图、路线图和施工图。这是中国共产党历史上第一次专题研究、专门部署全面推进依法治国的全会，在中国法治史上具有重大的里程碑意义。2017年10月，中共十九大强调，"全面依法治国是中国特色社会主义的本质要求和重要保障""全面依法治国是国家治理的一场深刻革命",把"坚持全面依法治国"明确为新时代坚持和发展中国特色社会主义的基本方略之一。中共十九大深化了对全面依法治国的认识,制定了法治国家、法治政府、法治社会基本建成的时间表,确立了全面依法治国的组织保障,谋划了深化依法治国实践的方略,是新时代坚持全面依法治国的行动纲领和指南,必将引领全面依法治国迈向新的征程。

从"法制"到"法治",从"依法治国"到"全面依法治国",从"有法可依、有法必依、执法必严、违法必究"到"科学立法、严格执法、公正司法、全民守法",反映了中国共产党对治国理政规律的深刻认识和对全面依法治国的不懈探索。中共十八大以来的六年,是党和国家事业取得历史性成就、发生历史性变革的六年,中国全面依法治国事业开创了前所未有的新局面。

一是党对全面依法治国的领导不断加强,依法执政和依规治党深入推进。中国共产党的领导是中国特色社会主义最本质的特征,是全面依法治国的根本保证。中共十八大以来,中国共产党不断加强对全面依法治国的统筹谋划和坚强领导,始终坚持党在全面依法治国中总揽全局、协调各方的领导核心地位,把党的领导贯彻落实到全面依法治国的全过程和各方面。十八届四中全会专题研究法治问题,是第一次专题研究法治的中共中央全会,第一次做出全面推进依法治国重大决定的中共中央全会,第一次确立全面推进依法治国总体目标的中共中央全会,提出了建设法治中国的新目标,指明了法治中国建设的新路径,确立了法治中国建设的新方针,规定了法治中国建设的新方法,对全面依法治国、建设社会主义法治国家具有重大战略指导意义。中共十九大报告提出,成立中央全面依法治国领导小组,加强对法治中国建设的统一领导。2018年2月，十九届三中全会通过《中共中央关于深化党和国家机构改革的决定》和《深化党和国家机构改革方案》，提出"组建中央全面依法治国委员会，负责全面依法治国的顶层设计、总体布局、统筹协调、整体推进、督促落实"，全面依法治国领导体制空前加强。中共十八大以来，中共中央着眼"四个全面"战略布局，先后对依法执政、依规治党重大事项做出部署。十八届三中全会提出，要紧紧围绕提高科学执政、民主执政、依法执政水平深化党的建设制度改革；十八届四中全会把形成完善的党内法规体系，规定为建设中国特色社会主义法治体系的重要部分和全面推进依法治国总目标的重要内容；十八届五中全会提出，必须坚持依法执政，全面提高党依据宪法、法律治国理政、依据党内法规管党治党的能力和水平，把依规治党提高到了确保"制度治党"的前所未有的高度；十八届六中全会开启了全面从严治党、制度治党、依规治党的新征程，中共十八大至十九大的五年，经中共中央批准立案审查的省军级以上党员干部及其他中管干部440人，全国纪检监察机关共立案154.5万件，处分153.7万人，其中厅局级干部8900余人，县处级干部6.3万人，涉嫌犯罪被移送司法机关处理5.8万人。

二是坚持科学立法，中国特色社会主义法律体系不断加强。中共十八大以来，中共中央针对全面依法治国面临的新形势、新任务、新要求，围绕科学立法提出了一系列新理念、新思想、新战略：全面依法治国首先要有法可依，坚持立法先行，发挥立法引领和推动作用；要实现立法和改革决策相衔接，做到重大改革于法有据、立法主动适应改革发展需要；完善科学立法、民主立法机制，要抓住提高立法质量这个观念，使社会主义法治成为良法善治；提出健全由有立法权的人大主导立法工作的体制机制，发挥人大及其常委会在立法工作中的主导作用；立法人员必须具有很高的思想政治素质，具备遵循规律、发扬民主、加强协调、凝聚共识的能力等，为新时代加强和改进立法工作提供了重要指导。中共十八大至十九大的五年，中国共制定或修改法律48部、行政法规42部、地方性法规2926部、规章3162部，同时通过"一揽子"方式先后修订法律57部、行政法规130部，启动了民法典编纂，颁布了民法总则，中国特色社会主义法律体系日益完备；中国共产党出台一大批标志性、基础性、关键性的党内法规，制定修订近80部中央党内法规，超过现有党内法规的40%，党内法规体系建设取得前所未有的重大成就；高效的法治实施体系、严密的法治监督体系、有力的法治保障体系建设获得显著成效，对全面依法治国发挥了重大推动作用。

三是坚持严格执法，法治政府建设进入新阶段。中共十八大把基本建成法治政府确定为到2020年全面建成小康社会的重要目标。十八届三中全会把深入推进依法行政、加快建设法治政府确定为全面推进依法治国的重大任务，要求各级政府必须坚持在中国共产党的领导下、在法治轨道上开展工作，建立权责统一、权威高效的依法行政体制，加快建设职能科学、权责法定、执法严明、公开公正、廉洁高效、守法诚信的法治政府，为加快法治政府建设指明了方向，明确了任务。2015年12月，中共中央、国务院颁布实施《法治政府建设实施纲要（2015—2020年）》，进一步明确了到2020年基本建成法治政府的奋斗目标和行动纲领；中共十八大至十九大间，"放管服"改革持续推进，国务院先后取消、下放行政审批事项618项，彻底终结了非行政许可审批，极大地激发了市场和社会活力；清单管理全面实行，31个省级政府公布了省市县三级政府部门权力和责任清单；政府法律顾问制度普遍建立，行政决策科学化、民主化、法治化水平进一步提高；2016年2月，中共中央办公厅、国务院办公厅印发了《关于全面推进政务公开工作的意见》，全面推行"双随机、一公开"，事中事后监管不断加强；行政执法体制改革深入推进，严格规范公正文明执法水平明显提升；法治政府建设考核评价制度正在建立，督促检查力度显著加强。推进依法行政进入"快车道"，法治政府建设展现出前所未有的"加速度"。

四是坚持公正司法，司法改革和司法公信力书写新篇章。2013年2月，习近平总书记在十八届中共中央政治局第四次集体学习时强调，努力让人民群众在每一个司法案件中都感受到公平正义，确立了新时期司法改革和司法建设工作的新目标。中共十八大以来，中共中央对司法体制改革高度重视，十八届三中全会提出17项司法改革任务，十八届四中全会提出司法领域84项改革任务，对司法体制改革做出全面系统可行的顶层设计和战略部署。十八届中央全面深化改革领导小组共召开37次会议，其中20多次会议研究讨论的是有司法改革的问题，先后通过了40多个针对（或涉及）司法改革的规定、方案、意见等文件，其中2014年6月中央全面深化改革领导小组第三次会议审议通过的《关于司法体制改革试点若干问题的框架意见》是新时期司法改革的纲领性文件。司法体制改革紧紧围绕建设中国特色社会主义法治体系、建设社会主义法治国家、维护社会公平正义，抓紧落实有关改革举措，取得了重要进展，改革主体框架基本确立。中共十八大以来，中国司法责任制改革全面推开，以审判为中心的刑事诉讼制度改革深入推进，省以下地方法院、检察院人财物统一管理逐步推行，干预司法记录、通报和责任追究制度制定实施，最高人民法院巡回法庭、国际商事法庭和知识产权法院、互联网法院等专门法院、跨行政区划法院检察院设立，实行了立案登记制，废止了劳动教养制度，一批重大冤假错案得到坚决纠正，司法职权配置不断优化，执法司法规范建设进一步加强，大力推进司法公开，当事人和社会公众的知情权、监督权得到有效保障。司法质量、效率和公信力大幅提升，人民群众对公平正义的获得感明显增强。

五是坚持全民守法，法治社会建设迈出新步伐。法治社会是法治国家、法治政府建设的重要基础和基本前提，只有实现全社会对法治的普遍信仰，才能为全面依法治国提供坚实的思想基础。只有不断打造整个社会尊法、信法、守法、用法的法治环境，才能为全面依法治国提供广泛的社会基础。中共十八大以来，中国共产党更加重视法治社会建设。十八届三中全会将"坚持法治国家、法治政府、法治社会一体建设"作为"法治中国建设"的重要任务，十八届四中全会把法治社会建设作为全面推进依法治国的一个重要方面，提出"增强全民法治观念，推进法治社会建设"。十八届四中全会进一步深化法治文化建设，明确提出要大力加强社会主义法治文化建设，强化道德对法治文化的支撑作用，把法治教育纳入精神文明创建内容，开展群众性法治文化活动，2016年12月中共中央办公厅、国务院办公厅印发了《关于进一步把社会主义核心价值观融入法治建设的指导意见》，对法治文化建设提出具体要求。中共十八大以来，中国共产党和中国政府更加重视加强法治教育，全民普法工作不断提挡加速，"六五"普法取得系列成果，"七五"普法工作顺利启动；2014年11月十二届全国人大常委会第十一次会议设立国家宪法日，2015年7月十二届全国人大常委会第十五次会议决定实行宪法宣誓制度，宪法尊严和权威不断彰显；中国更加重视社会矛盾纠纷的调解化解，多元化纠纷解决体系日益健全；完善守法诚信褒奖机制和违法失信行为惩戒机制，社会诚信建设显著加强；十八届五中全会要求"弘扬社会主义法治精神,增强全社会特别是公职人员尊法学法守法用法观念,在全社会形成良好法治氛围和法治习惯",领导干部带头尊法学法守法用法制度不断完善,运用法治思维和法治方式的能力和水平明显提高。社会主义法治权威逐步树立,尊法守法成为全体人民的共同追求和自觉行动。

第一章

科学立法：完善法律体系

◇ 一 引言

2012年至2018年这七年来，中国在科学立法、民主立法的道路上不断探索，勇于创新，走出了符合中国国情、具有中国特色的立法道路。尽管中国特色社会主义法律体系已经形成，但中国的立法任务有增无减。近七年来，无论是在数量上还是在质量上，中国立法都取得了巨大的成绩。2012年至2018年，全国人民代表大会及其常务委员会共制定法律38部，修改或修订法律192部（详见附录表1），国务院制定行政法规44部，修改、修订或废止行政法规280部（详见附录表2）。这七年立法工作主要有以下几方面特点：一是适应社会发展，回应社会需求；二是确保改革有序，保障法制统一；三是关注环境立法，防止环境污染；四是坚持以人为本，推进权利保障；五是立改废停并举，确保立法质量；六是扩大立法主体，促进地方立法；七是坚持开门立法，践行民主立法；八是依托评估检查，推进科学立法。

◇二 立法状况

(一) 适应社会发展，回应社会需求

作为上层建筑的法律制度应当与经济社会发展相匹配，否则法律制度便会失去生命力。2012—2018年，全国人大常委会共计修改/修订192部法律，国务院共计修改/修订/废止280部行政法规。法律法规的修改主要是为了适应经济社会的发展，确定经济社会发展成果，引导经济社会发展方向。

首先，在经济发展方面，全国人大常委会及国务院通过立法、修法，创制了市场规则，净化了市场环境，促进了经济有序发展。2013年，全国人大常委会修正《商标法》，国务院修改了《计算机软件保护条例》《著作权法实施条例》《信息网络传播权保护条例》和《植物新品种保护条例》，上述法律行政法规修改的主要特点是增加了惩罚性赔偿的规定，提高了侵权赔偿额，保障了知识产权市场的正常运转，强化了对于知识产权的保护。2015年，全国人大常委会修改《广告法》《商业银行法》《证券投资基金法》等与经济发展息息相关的法律，上述法律的修改，一方面规范了业内的乱象，如《广告法》增加了对代言人的规制；另一方面扫清制度障碍，刺激经济发展，如《商业银行法》删除了贷款余额与存款余额比例不得超过75%的规定，大大提升了银行的信贷投放能力，增强了对小微企业等实体经济的贷款投放。

其次，在社会管理方面，全国人大常委会及国务院制定维护社会和谐的新法，修改与社会需求不一致的旧法。法律行政法规在社会管

理方面的作用体现在以下几点：第一，规范行业规则。通过法律法规的引导，可以提高行业准入资格，加强行业自律。例如，2015年全国人大常委会修订的《食品安全法》被称之为"史上最严"，规定了诸如网络销售实名制、产销者首负责任制等严格的制度，为进一步规制食品行业，保障食品安全奠定坚实的制度基础。第二，加强社会和谐。法律法规对于维护社会和谐、保护社会弱势群体利益起到了不可磨灭的作用。例如，2016年，全国人大常委会制定《反家庭暴力法》，对家庭暴力的预防、处置、人生安全保护令和法律责任作出了规定，同时对于未成年人、老年人、残疾人等特殊群体予以特殊保护。第三，降低社会风险。面对纷繁复杂的社会现实，政府需要有效的法律法规作为行政决策和执法依据，以便实现精细化管理。例如，截至2015年末，基金资产总额已达19138.21亿元，保障基金安全的任务越来越重。对此，2016年3月国务院颁布《全国社会保障基金条例》，从行政法规的层面明确了全国社会保障基金的性质、用途和来源，降低社会保障基金的风险，为全国社会保障基金的安全保驾护航。

最后，在文化教育方面，法律法规一方面加大了对文化、文物领域监管力度。例如，全国人大常委会制定《公共文化服务保障法》，为进一步加强公共文化服务管理和保障提供了法律依据。全国人大常委会通过修改《文物保护法》，将原属于国务院文物行政部门的部分权限下放给省级人民政府文物主管部门，加大了对文物的保护和监督。另一方面，引领科技创新，推动教育体制改革。例如，全国人大常委会和国务院分别修改了《民办教育促进法》《国家科学技术奖励条例》《中外合作办学条例》等法律法规的部分条款，对于促进教育资源的有效供给，鼓励科技进步起到了积极地作用。此外，2018年

《英雄烈士保护法》的颁布为英雄烈士保护提供了法律保障，传承和弘扬英烈精神、爱国主义精神。

（二）确保改革有序，保障法制统一

改革是对现有体制机制的变更，不仅会打破已有的利益平衡，而且还会影响体制机制背后的法律法规。在以往处理改革与制度的关系时，往往是改革优先，制度滞后。这样不仅会影响到法律法规的权威性，而且还容易导致改革误入歧途。为此，在改革之前，应当首先保障改革的合法性和合规性，保证重大改革于法有据。自党的十八大以来，特别是十八届三中、四中全会以来，中国自上而下在各个领域推进了多项改革，极大的影响了中国的政治结构、经济运行和社会运转。这些变革既是利益重新洗牌分配的过程，同时也是制定、修改或修订法律法规的过程。

首先，为贯彻落实改革意见制定法律。对于有些已经写进法律中的改革方案，为了保证法律体系的和谐统一，必须将改革方案中的主要内容和精神体现在其他法律文本之中。例如，2015年税收法定原则写入了《贯彻落实税收法定原则的实施意见》之中，随后在修改《立法法》的过程中，将税收法定原则作为税收立法的重要内容。2016年，全国人大常委会审议通过了《环境保护税法》，更是成为落实税收法定原则的试金石。

其次，为贯彻落实改革意见制定法规。近年来，中国形成了文件指导、试点优先、立法确认的改革模式。首先出台针对某一领域的改革意见，并在特定领域先行先试，总结试点的经验之后制定或修改相关的行政法规。例如，对于户籍改革，首先由国务院出台《关于进一步推进户籍制度改革的意见》，然后总结各地居住证制度中的经验，

最后出台了《居住证暂行条例》,该条例突出居住证的赋权功能和服务职能,在明确居住证的性质和申领条件的基础上,一方面确立了为居住证持有人提供的基本公共服务和便利,另一方面鼓励各地不断创造条件提供包括义务教育、基本公共就业、基本公共卫生在内的服务。

最后,为推进改革而大规模修改法律法规。十八届三中全会要求进一步简政放权、深化行政审批制度改革。全国人大常委会及国务院根据党中央的要求,进一步梳理了与改革内容相关的法律法规,分批次进行修改。例如,全国人大修改《烟草专卖法》取消了烟草专卖许可,修改《固体废物污染环境防治法》取消了固体废物进口许可,修改《防洪法》取消了护堤护岸林木采伐许可等。国务院更是多次打包修改行政法规,2013年国务院一次性打包修改了16部行政法规,2014年分两次修改29部,2015年一次性打包修改66部行政法规。多数行政法规的修改均涉及到简政放权和深化行政审批改革。

(三)坚持以人为本,推进权利保障

宪法确认了"国家尊重和保障人权"的原则,而该原则需要在一部部法律法规中逐一体现。2012—2018这七年间,中国废除劳教制度、关怀老弱妇幼、保护消费者权利、完善食药法规、关注弱势群体、加强民生立法。

首先,废除劳教制度,尊重保障人权。2013年全国人大常委会废止劳动教养制度,转而实施社区矫正。这标志着创立于20世纪50年代的劳动教养制度退出了历史舞台,这既是依法治国方略贯彻落实的必然要求,也是国家尊重和保障人权的重要体现。

其次,修改法律法规,关怀老弱妇幼。妇女、儿童、老人是社会

中的相对弱势群体，这些群体容易受到来自家庭的、社会的、学校的忽视，因此需要专门对他们给予特殊保护。为此，全国人大常委会于2012年、2015年两次修改《老年人权益保障法》，2012年修改《未成年人保护法》，2016年出台《反家庭暴力法》。上述法律的制定和修改详细列举了老人、未成年人等弱势群体的各种权利，为完善弱势群体利益保护提供了制度依据。

再次，保护消费者权利，完善食药法规。2014年全国人大常委会修改了《消费者权益保护法》，增加了欺诈的惩罚性赔偿，明确了个人信息保护，并规定消费者协会可以提供公益诉讼，最大限度的保护了消费者的权益。2015年修订《食品安全法》，建立了食品全程追溯机制、危险食品召回机制、网上卖食品实名制等体制机制，为进一步保障食品安全提供了可靠的法律支撑。2018年全国人大常委会审议了包括药品管理法修正草案、基本医疗卫生与健康促进法草案、疫苗管理法草案等多部医疗卫生草案，力求筑牢医药卫生的制度堤坝、扎紧公民健康的制度牢笼。

最后，关注弱势群体，加强民生立法。2014年国务院制定了《社会救助暂行办法》，将救急难、疾病应急救助、临时救助等方针政策纳入法制安排，这对于构建中国社会救助体系具有深远的意义。2016年，全国人大常委会制定了《慈善法》，标志着中国的慈善活动走向了法治轨道。同时，民政及相关部门也出台了《慈善组织认定办法》《关于慈善组织登记等有关问题的通知》等一系列规章、规范性文件作为配套。

（四）关注环境立法，防止环境污染

近三十年来，中国经济高速发展，但随之带来的是环境污染的阴

影。环境污染不仅影响到土地中农作物的生长,更影响到每一个公民的饮水和呼吸。尤其是近些年来的雾霾,致使每一个公民都逐步开始关注环境污染问题。为此,从中央到地方不断强调,"既要金山银山,也要绿水青山"。从中央层面,2012年至2018年,全国人大及其常委会、国务院制定或修改了多部与环境保护相关的法律、行政法规。这些法律法规的修改给环保部门武装了牙齿,增加了环境保护部门的权力,提高了地方政府环境保护的义务。例如,2014年全国人大常委会修订《环境保护法》确立了"经济社会发展与环境保护相协调"的环境优先理念,明确了政府对环境保护的监督管理职责,改变了以往"重视经济、忽视环境"的观念,改变了以往"先污染、后治理"的思路。再如,2015年修改《大气污染防治法》强化了处罚力度,对于造成大气污染的企事业单位处罚上不封顶。此外,全国人大常委会还修改了《大气污染防治法》《固体废弃物污染环境防治法》《动物防疫法》等法律,国务院制定了《畜禽规模养殖污染防治条例》,修改了《防治船舶污染海洋环境管理条例》。通过上述法律法规的出台和修改,中国对于环境污染的治理逐步走向法治化道路。

除了中央重视,地方在环境保护力度也在不断加码,不仅加大了新上马项目的环评力度,而且对于领导人评价推行环境保护一票否决制度。而且从地方立法情况来看,地方对于环境保护方面的立法极为重视,不仅在上位法的基础上做出详细规定,而且将环保作为优先立法事项。例如,乐山市在获得立法权之后,马上组织人力资源制定水源保护条例。除了立法和修法之外,全国人大还重视通过执法检查加强环境保护力度,2013年到2018年,全国人大常委会平均每年针对1—2部环境保护立法进行执法检查。一方面监督了地方法律的落实情况,另一方面督促地方加大环境保护力度。

(五) 立改废停并举,确保立法质量

随着中国社会经济的进一步发展,立法工作已经由追求数量转向了追求质量,由创制新法转向了修改旧法,由填补空白转向了解释法律。此外,在部分地区暂停适用相关法律法规已经成为破除制度禁锢、推动地方改革实践、为中央立法提供经验的重要途径。

首先,法律法规的修改多于法律法规的制定。从全国人大及其常委会、国务院的立法状况来看,全国人大及其常委会与国务院的修法与立法比在5∶1和6∶1之间,修法数量远远多于立法数量。一方面,随着中国特色社会主义法律体系的形成,纯粹创制新法的空间越来越小,因此立法数量逐渐下降;另一方面,随着经济发展出现新常态、社会管理出现新方法、改革创新出现新举措,修改法律法规的频次越来越高。这一降一升反映了中国立法的实际情况,制定新法已经不是立法的主要工作,对现有法律体系的完善才是立法的重点。尽管制定新法数量下降,但制定新法的程序进一步完善,立法质量进一步提高,立法前的调研,立法过程中的论证,立法后的评估越来越科学合理,以立法评估为例,2015年修改的《立法法》中将强调广泛征求意见、科学论证评估;地方人大立法规范中基本都规定了"制定或修改法规满一年必须进行评估"。

其次,打包修法取代单一修法。以往修法一般是法律法规无法适应社会发展的需求,抑或是出现了新的状况亟需规范,因此往往是成熟一部修改一部。而随着经济社会发展的增速,改革力度的持续加码,修法从以往的单一式修改变为打包式修改,任何一项改革举措往往动则修改数十部法律或者行政法规。例如,中央推动价格改革,逐步取消或者下放政府定价,营造更加公平的市场环境,为此于2015

年 4 月 24 日打包修改了《烟草专卖法》《铁路法》《药品管理法》等相关法律。近六年来，中央打包式修法频次越来越高、力度越来越大，主要涉及行政审批改革、权力下放、推动服务型政府等方面。通过修改立法，极大的保障了改革于法有据，巩固了改革的成果，推进了改革的步伐。

最后，支持改革创新暂定法律适用。为了充分释放改革红利，提高改革创新的层级和水平，中央授权部分地区推动相关内容的改革。然而，改革意味着创新，意味着对现有体制的突破，意味着变更现有的权利义务关系。很多改革的推动不仅需要执政者的智慧和魄力，更需要法律体系的支撑，而现实情况是法律的更新速度落后于改革速度，此时为了保障改革的顺利进行，维护法律体系的权威，需要在特定区域暂停法律适用。近六年来，全国人大及其常委会会多次以决定的形式暂停部分法律法规在某一特定区域的适用。例如，2013 年，十二届全国人大常委会第四次会议通过了《关于授权国务院在中国（上海）自由贸易试验区暂时调整有关法律的行政审批的决定草案》。待改革成功之后，立法机关便及时将改革的成果转化为立法内容，通过制定或修改法律、行政法规，确保改革向纵深迈进。

（六）扩大立法主体，促进地方立法

2015 年之前，拥有立法权的城市数量仅 49 个，主要集中在各省的省会城市、国务院批准的较大的市以及经济特区所在地的城市。随着经济社会的发展，城市管理的复杂程度有增无减，城市环境卫生、市容市貌、城市规划建设、文物保护等问题无法直接适用法律或者行政法规，此时没有立法权的城市不得不通过规范性文件管理城市。以 2015 年之前的唐山和保定为例，唐山属于较大的市，拥有立法权，而保定则没有立法权。但是2015年之前，保定会以政府文件的形式出台与唐山相似的地方性法规。例如，唐山市有《唐山市城市绿化管理条例》，保定市有《保定市城市园林绿化管理办法》；唐山市有《唐山市促进企业科技进步条例》，保定市有《保定市科学技术奖励办法》；唐山市有《唐山市供水管理条例》，保定市有《保定市用热供热管理办法》。在相当长的时间内，政府出台规范性文件发挥了立法的角色，但规范性文件出台程序简单，缺少严密的论证，影响法治建设。

2015年《立法法》修改赋予所有设区的市以立法权，同时规定"没有法律、行政法规、地方性法规的依据，地方政府规章不得设定减损公民、法人和其他组织权利或者增加其义务的规范"。至此，设区的市立法除了不得与上位法相抵触之外，还需要充分考虑公民法人的权利和义务的相关内容，中国城市治理由此逐步走上了法治化的道路。

（七）坚持开门立法，践行民主立法

立法的实质是整合、平衡以及协调不同利益。平衡各种不同利益要求的最佳途径，便是充分发挥民主，广泛听取各方面的意见。十八届四中全会指出要"深入推进科学立法、民主立法"。而开门立法是推进科学立法、民主立法的前提，公众在充分了解立法背景、立法草案、立法说明等内容的基础上，才能提供立法意见。全国人民代表大会及其常委会在制定法律的过程中，通过召开听证会、专家论证会的方式征求专家学者的意见，提高立法的科学性。全国人民代表大会及其常委会在制定法律的过程中，通过官方网站征求公众意见，提高立法的民主性。根据全国人民代表大会常务委员会官方网站的统计，

2012—2018年，参与立法征求意见的人数共计61万人次，共收到大约240万条意见（详见附录表3）。

年份	征求意见人次（单位：万）	收到意见（单位：万条）
2012	17	120.8
2013	0.6	4.5
2014	2.9	8.8
2015	10.6	21.5
2016	1.9	8.3
2017	5.9	10.7
2018	22	65.9

（八）依托评估检查，推进科学立法

立法质量的提升一方面依赖于科学立法和民主立法的贯彻执行，另一方面依赖于法律法规的评估和执法检查。在法律评估方面，全国人大常委会在法律即将出台之前，都会进行一定程度的预评估。例如，在旅游法草案提请审议表决之前，全国人大常委会法工委邀请部分全国人大代表、旅游者、旅游经营者、专家学者等召开座谈会，对法律草案内容的可行性、法律出台的及时性以及实施后可能出现的社会效果等内容进行了综合评估。通过评估，一方面可以及时发现法律的漏洞，避免出现重大硬伤，提高立法科学性；另一方面可以广泛的吸收公众意见，增加立法民主性。

除了立法评估之外，评价法律实施效果还可以通过执法检查。全国人大常委会针对立法实施情况，陆续开展了执法检查活动。七年来，全国人大常委会分批次、分内容对法律进行了执法检查，从执法检查的内容来看，全国人大常委会执法检查的重点集中在经济社会类立法（《促进科技成果转化法》《老年人权益保护法》等）、环保类立法（《水污染防治法》《大气污染防治法》等）、教育类立法（《义务教育法》《职业教育法》等）、行政管理类立法（《行政复议法》《安全生产法》等）以及文化文物类立法（《文物保护法》）。对法律进行执法检查具有重大意义：第一，可以了解法律的实施情况。法律的生命力在于实施，只有在实践中才能发现法律的问题，实施的困难和障碍。例如通过对《道路交通安全法》的执法检查，形成了《道路交通安全法》实施情况的报告。报告认为，部分道路安全设施管理落后、机动车驾驶人等违法行为多发高发是目前法律实施中面对的主要问题，建议坚持综合施策，解决当前突出问题。第二，可以为修法打下基础。执法检查过程中，全国人大常委会走访全国各地，充分听取各方利益代表的意见，搜集各类关于法律修改的建议，为下一步修改立法提供扎实的一手材料。例如，2012年全国人大常委会对《文物保护法》进行了执法检查，搜集了大量关于文物保护法实施过程中的问题、建议，并最终将这些建议体现在2014年修改的《文物保护法》之中。

三 未来展望

（一）提高立法效率，支持深化改革

从过去七年来看，全国人大常委会每年制定新法5—6部，修改或废止旧法20—30余部，国务院平均每年制定行政法规6部，修改行政法规40部。从立法的工作量来看，中国立法效率并不低，但与中国正在推进的各项改革相比，立法速度仍然滞后于改革的速度。当

前，一项重大改革的推进并不是通过制定或者修改法律，而是通过文件精神的传达，这说明立法或修法的速度远远低于改革的速度。针对改革过程中涉及到的法律问题，有时会提请全国人大常委会，由其决定暂停在特殊地区适用，但绝大多数改革都是游走于合法与非法之间，打法律的擦边球。例如，司法员额制改革已经全面铺开，但是并不能在《法官法》《检察官法》中找到依据，也不符合未修订前的《人民法院组织法》《人民检察院组织法》中具体规定。可见，在实践中推进法治国家的手段并完全不贴合法治的要求，立法速度常常滞后于改革实践，立法质效常常无法满足改革要求。对此，在未来立法过程中，要进一步提高立法效率，增强立法质效，使立法与改革协同并进。

（二）加强立法公开，扩大民主立法

当前无论是中央还是地方，都非常重视民主立法，将公众参与作为立法工作中的重要内容。为了保障公众参与，立法机关公开立法草案以便公众了解草案内容，提供意见建议。但在实践中，征求意见较多，反馈意见较少；公开草案较多，公开草案说明较少。公开反馈意见，一方面可以倒逼立法机关对意见建议进行分类整理，提高意见征求的有效性；另一方面可以增加公众参与立法的积极性。公开立法草案说明，则是考虑到立法内容的专业性、枯燥性，很多内容无法短时间内被一般人所理解，因此需要公开草案说明解释草案内容、意义、原则等。在今后的立法过程中，建议立法机关重视公开立法草案的反馈意见，公开立法草案说明。

（三）重视立法规划，完善立法计划

全国人大常委会会列出五年立法规划，将其作为未来立法的重点，此外还会根据每年的立法任务制定立法计划。立法计划的制定有利于立法机关明确工作重心，提高工作效率。从全国来看，部分地方立法机关并不重视立法规划与立法计划的制定与落实，有的立法机关多年没有立法计划，而有的立法机关长期完不成当年的立法计划。这是由于在立法规划和立法计划制定之初，缺少合理的论证和科学的判断，一方面缺少对立法对象的准确认知，将不成熟的对象列入立法计划之中，导致立法项目一拖再拖；另一方面则是立法机关缺乏自我认知，无法准确知晓自身的人力物力，在制定立法计划和立法规划之初，并没有认识到自身的局限性，导致立法能力不足，立法时间仓促，并最终使立法计划流产。对此，建议中央及地方立法机关重视立法规划和立法计划的制定，通过反复论证，提高规划和计划的科学性，通过责任划分，提高规划和计划的完成度。

第二章

法治政府：把权力关进制度笼子

在当代中国，推崇法治，用制度明确、维护和保障权利，建设法治国家，成为全社会的共同选择。法治，即良法善治，不仅意味着制定良好的法律并使得到严格有效实施，并且还要求负责实施法律的行政机关遵法守法，在法律框架下活动。因此在法治建设过程中，核心和关键是建设法治政府。政府有广义和狭义之分，广义上的政府是指掌握国家公权力的组织和机构，包括立法机关、行政机关和司法机关，而狭义上的政府仅指国家权力体系中掌握行政权力的机关。在中国，行政机关是指国务院及其职能部门、地方各级政府和县级以上地方政府的职能部门。

◇ 一 中国建设法治政府目标的提出

党的十一届三中全会以来，法治一直是中国各项工作以及政府建设的重要价值取向，但将法治政府作为建设目标，其确立则经历了一定的过程。

1982年《宪法》第5条规定："一切国家机关和武装力量、各政党和各社会团体、各企业事业组织都必须遵守宪法和法律。一切违反宪法和法律的行为，必须予以追究。任何组织或者个人都不得有超越宪法和法律的特权。"这一规定蕴含法治政府之意。1997年，党的十五大报告将"依法治国"确定为治国理政的基本方略。1999年修改宪法，明确写入了"依法治国"条款，即"中华人民共和国实行依法治国，建设社会主义法治国家"。依法治国的关键是推进依法行政，建设法治国家的核心是建设法治政府。1999年，在依法治国基本方略写入宪法同年，国务院即颁布了《关于全面推进依法行政的决定》，并于2004年发布《全面推进依法行政实施纲要》，明确提出了法治政府的奋斗目标。为深入贯彻落实依法治国基本方略，全面推进依法行政，进一步加强法治政府建设，国务院又于2010年出台了《国务院关于加强法治政府建设的意见》，提出以建设法治政府为奋斗目标，以事关依法行政全局的体制机制创新为突破口，以增强领导干部依法行政的意识和能力、提高制度建设质量、规范行政权力运行、保证法律法规严格执行为着力点，全面推进依法行政，不断提高政府公信力和执行力。《关于全面推进依法行政的决定》《全面推进依法行政实施纲要》和《国务院关于加强法治政府建设的意见》成为法治政府建设的三大支柱文件。

2012年之后，中国的法治政府建设进入了新的历史阶段。党的十八大把法治政府基本建成确立为到2020年全面建成小康社会的重要目标之一。党的十八届三中全会提出全面深化改革的时代命题，强调"切实转变政府职能，深化行政体制改革，创新行政管理方式，增强政府公信力和执行力，建设法治政府和服务型政府"，并提出"依法治国、依法执政、依法行政共同推进"和"法治国家、法治政府、法治社会一体建设"。党的十八届四中全会以"全面推进依法治国"为主题，提出"建设职能科学、权责法定、执法严明、公开公正、廉洁高效、守法诚信的法治政府",深刻揭示了法治政府建设的内涵,明确了衡量法治政府建设水平的标准。为深入推进依法行政,加快建设法治政府,如期实现法治政府基本建成的奋斗目标,2015年年底,党中央、国务院印发《法治政府建设实施纲要(2015—2020年)》,确立了今后几年加快建设法治政府的宏伟蓝图和行动纲领。2017年党的十九大宣布中国进入新时代,提出"建设法治政府,推进依法行政,严格规范公正文明执法",并明确了到2035年基本建成法治国家、法治政府、法治社会的奋斗目标。

法治政府包含法治、民主等理念,具有丰富和深刻的内涵。法治政府意味着政府权力来源于法律,政府运行和政府的行为受法律规范和制约,政府应承担相应的法律责任,并对公民权利和自由进行保障等。2012年以来,中国法治政府在加快政府职能转变、健全政府依法决策机制、深化行政执法体制改革、全面推进政务公开等四个方面取得较大的进展,为2035年基本建成法治政府奠定了坚实的基础。

◇二 加快政府职能转变

职能科学、权责法定是法治政府的重要标准。政府以提供公共服务为本位,法治政府建设的目标就是要提供安定良好的社会秩序和高效优质的管理服务。然而,在过去几十年里,政府更多强调发展经济,公共服务职能被削弱甚至忽视。在经济挂帅的时代,政府把更多的精力放在了招商引资,追求GDP的增长,从而造成市场、政府和社会的职能错位,导致政府过多地干预经济,挤压市场的调整空间,影响社会的发育成长。政府直接投身于市场，从事经济行为，背离了其公共服务的职能定位。恪守科学的政府职能定位，必须处理好政府与市场、政府与社会的关系：凡是能由市场调节的事项，政府不要越俎代庖，要保证市场在资源配置中起决定性作用；凡是能由公民个人决定和社会自律处理的事项，政府应尽量不予干预，以调动社会公众的积极性和激发社会的活力。为正确处理政府、市场和社会的关系，加快政府职能转变，近年来中国主要进行了以下几个方面的努力，如推动机构改革、深化行政审批改革、改革商事登记制度、推行权责清单制度、着力培育社会力量等。党的十九大报告指出，中国的主要矛盾已经转变为人民日益增长的美好生活需要与不平衡不充分的发展之间的矛盾。面对主要矛盾，政府应进一步转变职能，为经济发展和市场运行营造良好的法治环境，如诚信的契约精神和公平的竞争秩序等，并最终为人民创造民主、法治、公平、正义、安全的社会环境。

（一）稳步推进机构改革

中国进行机构改革的最初动因是臃肿的官僚机构严重影响到政府运行效率、束缚经济的发展，因此，早期机构改革的核心是精兵简政，并废除领导干部终身制，推行干部年轻化。由于未触动高度集中的计划经济体制，未能认识到转变政府职能的重要性，机构改革浅尝辄止，且陷入精简—膨胀—再精简—再膨胀的怪圈。20世纪80年代末，随着对政府、市场、社会功能定位认识的逐步深入，中国开始以转变政府职能为目标进行机构改革，并确立了大部制的改革方向。

所谓大部制改革，就是根据政府侧重于宏观管理、避免和减少对微观经济的干预的职能定位，对政府部门的职能和边界进行重新梳理和厘定,将关联性高、职能相似的政府部门进行整合重构。分散的部门设置会造成部门之间的扯皮摩擦,增加财政开支,也不利于服务型政府的实现。2008年国务院机构改革方案明确提出"大部制",2013年国务院改革为大部制改革定了调子,要"稳步推进"。2013年中共中央、国务院颁布了《关于地方政府职能转变和机构改革的意见》(中发〔2013〕9号),提出将进一步转变政府职能、确保各部门有效履行政府管理经济社会的职能作为主要目标,将减少部门职责交叉和分散作为主要手段,着力于整合分散在国务院不同部门相同或相似的职责,理顺部门职责关系。在本轮改革中,食品药品监管、广播电视出版管理、海洋执法等职能职责得以大幅整合,铁道部被拆分为国家铁路局和铁路总公司,铁路运输的监管职能与市场化运营相互分离。中国在个别领域率先实现了大部制,如"大交通",但是在金融、商务、农业、文化等领域还有待进一步推行大部制改革。此外,国务院还决定整合不动产登记职责,将分散在多个部门的不动产登记职责整合由一个部门承担。

2018年,进入新时代的机构改革进一步加大了步伐和力度。机构改革的目的是构建系统完备、科学规范、运行高效的党和国家机构职能体系,形成总揽全局、协调各方的党的领导体系,职责明确、依法行政的政府治理体系。2018年国务院机构改革结合新的时代条件和实践要求,加强和完善政府经济调节、市场监管、社会管理、公共服务、生态环境保护等职能,组建自然资源部、生态环境部、农业农村部、文化和旅游部、应急管理部等。为了加强司法行政工作,推动政府工作纳入法治轨道,2018年国务院机构改革将司法部和国务院法制办公室的职责整合,重新组建司法部,统筹行政立法、行政执法、法律事务管理和普法宣传等职能。2018年国务院的机构改革还对中国的税收体制产生了重要变革，将省级和省级以下国税地税机构合并，实行以国家税务总局为主与省（自治区、直辖市）政府双重领导管理体制。本轮国务院机构改革的最大的特点是将行政体制改革放在国家机构体制改革的框架下协同推进，进一步理顺了党、政、人大、政协的关系，是推进国家治理体系和治理能力现代化的一场深刻变革。

（二）深化行政审批制度改革

政府职能转变以深化行政审批制度改革作为突破口。行政审批制度是政府对社会、经济事务实行事前管理的重要手段，是事前控制、管理、干预和引导的重要方式。改革行政审批制度，落实《行政许可法》，是行政管理体制改革的突破口，也是转变政府职能，建设服务型政府，实现依法行政的重要内容。行政审批改革不仅涉及政府职能转变、政府部门职能定位和权力调整，更是理顺政府与企业、市场、社会关系的关键所在。十八届三中全会提出，"要进一步简政放权，深化行政审批制度改革，最大限度减少中央政府对微观事务的管理，市场机制能有效调节的经济活动，一律取消审批，对保留的行政审批事项要规范管理、提高效率；直接面向基层、量大面广、由地方管理更方便有效的经济社会事项，一律下放地方和基层管理"。《法治政府建设实施纲要（2015—2020年）》提出，加快推进相对集中行政许可权工作，支持地方开展相对集中行政许可权改革试点；全面清理规范行政审批中介服务，对保留的行政审批中介服务实行清单管理并向社会公布，坚决整治"红顶中介"，切断行政机关与中介服务机构之间的利益链，推进中介服务行业公平竞争。

清理并精简审批事项，是行政审批改革的根基所在，也是行政审批改革的首要内容。为切实防止行政许可事项边减边增、明减暗增，2013年9月，国务院下发《国务院关于严格控制新设行政许可的通知》（国发〔2013〕39号），提出必须严格遵守《行政许可法》的规定，严格设定行政许可的标准。此外，全国人民代表大会常务委员会及国务院相继修改了一批法律法规，以配合行政审批事项削减工作。为防止以非法行政许可审批名义变相设定的面向公民、法人或其他组织的行政许可事项，2014年，国务院下发《国务院关于清理国务院部门非行政许可审批事项的通知》（国发〔2014〕16号）要求清理非行政许可审批事项，取消国务院各部门所有面向公民、法人或其他组织的非行政许可审批事项，取消和调整面向地方政府等的非行政许可审批事项。为转变管理理念，简化程序，建立科学的国家职业资格体系，国务院又先后下发《国务院关于取消一批职业资格许可和认定事项的决定》（国发〔2015〕41号）和《国务院关于取消13项国务院部门行政许可事项的决定》（国发〔2016〕10号），旨在取消职业资格行政许可。2018年政府工作报告指出，2012年—2017年五年间，国务院部门行政审批事项削减44%，非行政许可审批彻底终结，中央政府层面核准的企业投资项目减少90%，行政审批中介服务事项压减74%，职业资格许可和认定大幅减少。2018年8月5日，国务院办公厅印发《全国深化"放管服"改革转变政府职能电视电话会议重点任务分工方案》，对深化"放管服"改革进行了详细部署。2018年，中国简政放权、放管结合、优化服务改革力度加大，深入推进简政减税减费，取消一批行政许可事项，营商环境有明显改善。

　　行政审批改革除了进行审批事项的清理和下放之外，还包括行政审批权的横向集中。行政审批权横向集中有两种模式，一种是物理集中，即将有审批权的部门进驻政务服务大厅；还有一种是将各部门的审批权集中由专门的审批局行使。目前，以物理集中为主，审批局模式还在试点探索中。与行政审批权纵向下放一样，实现审批权的横向集中行使也是为了方便人民群众办事，同时还可以有效监督审批权的规范运行。《法治政府建设实施纲要（2015—2020年)》提出，对于保留的行政审批事项，探索目录化、编码化管理，全面推行一个窗口办理、并联办理、限时办理、规范办理、透明办理、网上办理，提高行政效能，激发社会活力。为了进一步加强便民服务建设，2015年11月，国务院办公厅印发了《国务院办公厅关于简化优化公共服务流程方便基层群众办事创业的通知》，旨在进一步提高公共服务质量和效率，为基层群众提供公平、可及的服务，更好地推动大众创业、万众创新，激发市场活力和社会创造力。为落实中央文件，海南省政府在原有"三集中"改革的基础上，率先制定了《海南省政务服务管理办法》，明确实行行政审批目录管理，规定了政府服务管理机构与进驻部门的职责职权。此外，海南省还进一步展开了网上审批工作，将每一个审批流程固化为在线流程，利用技术手段降低人为因素对审批流程的干预。浙江省于2016年发布《浙江省人民政府办公厅关于优化行政流程推进网上审批的通知》，按照推进简政放权、放管结合、优化服务改革的总体要求，坚持问题导向、创新服务，运用"互联网+"思维和手段，以数据资源共享互通为支撑，进一步简化优化行政审批流程，强化部门业务协同联动，大力推行网上审批，不断提升审批服务水平，方便群众办事创业。2016年9月，国务院印发的《关于加快推进"互联网+政务服务"工作的指导意见》提出，为适应"互联网+政务服务"发展需要，进一步提升实体政务大厅服务能力，加快与网上服务平台融合，形成线上线下功能互补、相辅相成的政务服务新模式。2018年,"互联网+政务服务"得以深化,各地探索推广一批有特色的改革举措,企业和群众办事便利度不断提高。

(三) 改革商事登记制度

在全面推进行政审批制度改革的过程中,中国的专项审批制度改革是从与经济发展最为密切的商事登记开始的。为进一步减少企业经营负担、释放经济活力,国务院提出,改革注册资本登记制度,放宽市场主体准入,将注册资本由实缴登记制改为认缴登记制等内容。商事登记制度改革彻底颠覆了原有的行政审批制度模式,实行工商登记注册与经营项目许可审批相分离、有限责任公司注册资本认缴、商事主体住所与经营场所相分离,还实行经营范围、实收资本备案制度,允许"一址多照"和"一照多址"。改革中注重简化工商登记注册程序,缩减登记事项和营业执照种类。商事登记制度改革的一个亮点是,将一些企业登记的前置审批项目变更为后置审批。改革前,行政许可是作为企业登记的前置审批项目,经营者不办理就拿不到营业执照,改革后将特殊经营项目的许可审批改为后置,由此简化了企业登记注册手续。2016年6月,国务院办公厅发布《关于加快推进"五证合一、一照一码"登记制度改革的通知》,在原有的"三证合一"(工商营业执照、组织机构代码证、税务登记证)的基础上增加了社会保险登记证和统计登记证,变成"五证合一"。2017年,中国在全国推广"证照分离"改革,重点是照后减证,各类证照能减则减、能合则合,进一步压缩企业开办时间,大幅缩短商标注册周期。2018年,"证照分离"改革在全国普遍推开,企业开办时间大幅压缩,工业生产许可证种类压减三分之一以上。

(四) 推行权责清单制度

中国政府积极推行权责清单制度，为了明确政府保留的权限，防止政府变相设定和收回审批权限，国务院要求各级政府制定权力和责任清单，并向社会公开。通过清理和下放，各级政府保留的审批事项较之前有大幅度精简。2015年，国务院办公厅印发了《国务院部门权力和责任清单编制试点方案》和《关于推行地方各级政府工作部门权力清单制度的指导意见》，明确要求国务院各部委和地方各级政府组织力量研究编制权力和责任清单。权责清单的编制，包括横向、纵向两个方面。横向是界定不同部门之间的权责，争取实现同一事务、类似事务由同一部门管辖，改变过去"九龙治水"的现象；纵向是厘清省、市、县、乡镇各层级之间的管理分工配置，既要克服上级政府特别是省级政府管得过于微观的问题，也要避免乡镇、区县政府作为执行机关却过于宏观大而无当的问题，或者把本应属于本级政府职责却往上级推的问题。由此可见，编制权责清单对于厘清政府与市场、政府与社会、省级政府与市县区各级政府、政府部门之间的权力职责分配有着重要作用。权责清单的背后，还蕴含着权力、责任相统一的要求，对于饱受诟病的"有利益各方来争夺、有责任相互去推搡"的现象，将起到一定遏制效果。目前，国务院各部委业已颁布其权责清单，31个省（自治区、直辖市）均已公布省市县三级政府部门权力清单，政府职责一目了然。

如果说权力清单制度侧重于实现政府职权的法定化，那么行政审批与负面清单制度建设则更旨在厘清政府与市场之间的合理边界。2015年10月，《国务院关于实行市场准入负面清单制度的意见》（国发〔2015〕55号）发布，按照该意见的要求，在地方试点市场准入负面清单制度,从 2018 年起推广至全国。市场准入负面清单制度的设立有利于进一步深化行政审批制度改革,大幅收缩政府审批范围、创新政府监管方式、促进投资贸易便利化,从根本上促进政府职能转变。权力清单与行政审批制度建设相辅相成,在党的十八大以来的法治政府建设中发挥了重要作用。2018 年,中国进一步深化"放管服"改革,全面实施全国统一的市场准入负面清单制度。

(五)着力培育社会力量

政府以提供公共管理和服务为职能,但是这种公共服务是以庞大的政府运转成本为代价的,并且由于专业性的限制,政府在某些领域和方面所提供的公共服务无法与市场上的专业机构相媲美,因此转变职能、简政放权就要求对公共服务进行细分,把那些能够被市场代替且市场提供的服务成本更低的事务从政府职能中剥离出去,转移给市场和社会。为此,《国务院办公厅关于政府向社会力量购买服务的指导意见》(国办发〔2013〕96 号)提出,通过发挥市场机制作用,把政府直接向社会公众提供的一部分公共服务事项,按照一定的方式和程序,交由具备条件的社会力量承担,并由政府根据服务数量和质量向其支付费用,并规定了可购买服务的内容以及推进机制。

近年来,在政府公共服务领域中一个值得注意的现象是,以公私合作模式(Public—Private Partnership)为主要手段的民营化机制日显突出。这种民营化机制多见于市政交通、医疗、养老等领域,2015 年在中央的战略部署下,公共服务领域的公私合作模式得以进一步推广。2015 年 2 月 3 日,民政部会同财政部等十部委联合印发《关于鼓励民间资本参与养老服务业务发展的实施意见》(民发〔2015〕33 号),为鼓励社会力量发展养老服务提出各类扶持措施。2015 年 4 月

21日，财政部会同住房城乡建设部等六部委专门印发《关于运用政府和社会资本合作模式推进公共租赁住房投资建设和运营管理的通知》（财综〔2015〕15号），鼓励地方运用公私合作模式推进公共租赁住房投资建设与运营管理，并要求各地区在2015年内就公共租赁住房项目展开合作。2015年5月，财政部、国家发展改革委、中国人民银行联合制定《关于在公共服务领域推广政府和社会资本合作模式的指导意见》，决定在能源、交通运输、水利、农业、科技、医疗、卫生、养老等公共服务领域进一步采用政府和社会资本合作模式，吸引社会资本参与，为人民群众提供优质高效的公共服务。民营化、公私合作机制在2015年的政府法治进程中取得较为突出的成绩，尤其在保障性住房、社会保障等行政给付领域，公私合作手段将扮演越发重要的角色。为增强国有企业活力，全面推进依法治企，2015年8月《中共中央、国务院关于深化国有企业改革的指导意见》出台，提出发展混合所有制经济，推进国有企业混合所有制改革，引入非国有资本参与国有企业改革，在石油、天然气、电力、铁路、电信、资源开发、公用事业等领域，向非国有资本推出符合产业政策、有利于转型升级的项目，开展多类型政府和社会资本合作试点，逐步推广政府和社会资本合作模式。2015年10月，配套文件《国务院关于改革和完善国有资产管理体制的若干意见》出台，提出协同推进配套改革。2018年下半年，根据国务院发布地《关于推进国有资本投资、运营公司改革试点的实施意见》，混合所有制改革试点工作得以顺利推进。

三 健全政府依法决策机制

决策是行政权力运行的起点，是规范行政权力的重点。行政决策是指行政领导者从公共利益和公平公正原则出发，为履行行政职能所做的行为设计和抉择过程。行政决策是行政机关确定自身和下属机关机构特定时期主要任务工作的重要方式，具有一定的权威性，不仅对行政组织成员，而且对各级行政组织的管辖范围内的企业、事业单位、社会团体和个人都有约束力。行政决策虽然不具有法律规范的外形，也不像行政处罚、行政许可等具体行政行为那样直接决定行政相对人的具体权利义务，但一项既定的行政决策往往是大量具体行政行为的依据，影响到的客体十分广泛，因此如何规范决策程序，确保依法科学决策尤为重要。依法进行行政决策是推进依法行政、建设法治政府的重要任务。健全依法决策制度机制主要从重大行政决策制度化、程序化以及完善责任追究几个方面展开。

（一）行政决策制度化

根据《法治政府建设实施纲要（2015—2020年）》，"行政决策科学民主合法"是法治政府的衡量标准之一，也是评价国家治理能力和治理水平的关键指标。为实现依法决策目标，各地探索建立规范行政决策的相关制度，截至2017年6月，中国已有17个省级政府和23个较大的市政府出台了规范重大行政决策程序的规章。例如，《中山市人民政府重大行政决策程序暂行规定》（中府〔2013〕2号）推行重大行政决策合法性审查制度和重大行政决策实施情况后评价制度，明确了市政府重大行政决策的范围和具体程序。

各地方、各领域、各环节关于行政决策的制度化建设，逐步汇集形成合流，使得行政决策从议程设置、启动、公众参与、专家咨询论证、方案选择、执行、问责全过程基本上做到了有规可依。针对实践中仍存在行政决策尊重客观规律不够、听取群众意见不充分等问题，国务院决定出台行政法规,对重大行政决策程序进行统一规范。2017年6月,原国务院法制办就《重大行政决策程序暂行条例(征求意见稿)》向社会公开征求意见,旨在落实健全依法决策机制,推进行政决策科学化、民主化、法治化,提高决策质量。《重大行政决策程序暂行条例(征求意见稿)》进一步明确了重大行政决策的范围。所谓重大行政决策是指政府做出的对经济社会发展有重大影响、涉及重大公共利益或者社会公众切身利益的事项,如编制经济和社会发展等重要规划,制定有关公共服务、市场监管、社会管理、环境保护等方面的重大公共政策和措施,制定开发利用、保护重要自然资源的重大公共政策和措施,决定在本行政区域实施的重大公共建设项目,决定对经济社会发展有重大影响、涉及重大公共利益或者社会公众切身利益的其他重大事项。

(二)行政决策程序化

为保证政府审慎做出正确决策,重大行政决策应该经过公众参与、专家论证、风险评估、合法性审查、集体讨论决定等程序。重大行政决策程序旨在将关系经济社会发展全局、社会涉及面广、与公民法人和其他组织利益密切相关的事项作为重大决策事项,纳入重大决策程序,进入政府年度重大行政决策目录。

1. 公众参与

重大行政决策的公众参与,是指除依法应当保密的外,涉及社会公众切身利益或者对其权利义务有重大影响的决策事项,决策承办单位应当采取便于社会公众参与的方式广泛听取意见。政府在做出重大行政决策之前要通过各种形式向社会公众征求意见,确保决策符合多数人的利益需求。根据重大行政决策的公众影响范围和程度,公众参与包括向社会公开征求意见、举行听证会、召开座谈会、书面征求意见、问卷调查、民意调查、实地走访等多种方式。

各地政府高度重视决策中的公众参与理念及相应制度建设。以决策听证为例，全国各地普遍将听证引入行政决策，如2011年广州市政府出台了《重大行政决策听证试行办法》，2013年广东省政府也出台了《广东省重大行政决策听证规定》，明确了听证的范围、功能、程序以及结果运用等内容，以使公众意见得到充分表达，民意得到充分讨论汇集。公众参与决策，改政府单向治理模式为共治模式，在最大范围内吸收公众的智慧，代表政府治理方式转变的方向。

2. 专家论证

专家论证是指对于专业性、技术性较强的决策事项，组织相关领域专家或者委托专业研究机构，对重大行政决策方案进行必要性、可行性、科学性论证。对论证意见的研究处理情况和理由，应当向提出论证意见的专家、专业机构反馈。专家论证可以采取论证会、书面咨询、委托咨询论证等方式。选择专家、专业机构应当注重专业性、代表性。对论证问题存在重大分歧的，持不同意见的各方都应当有代表参与论证。不得选择与决策事项有直接利害关系的专家、专业机构。专家、专业机构有关信息应向社会公开。目前，大多数省、自治区、直辖市，乃至不少市县政府，都建立了决策咨询论证专家库，对于专业技术性强的重大行政决策，要从专家库中就某些领域的专家随机抽取进行专家论证。专家论证不仅能为政府决策提供外部智力支持，弥补政府部门专业技术人才储备不足问题，而且能依托专家学者的社会信誉为政府决策提供更多的权威性，更易于获得社会公众的认可，因此，专家咨询论证既能够克服行政决策的技术风险，又能够削弱行政决策的社会风险。

3. 风险评估

重大行政决策的实施可能对生态环境、社会稳定等方面造成不利影响的，要开展风险评估。进行风险评估，可以通过舆情跟踪、抽样调查、重点走访、会商分析等方式，全面查找风险源、风险点，运用定性分析与定量分析等方法，对决策风险进行科学预测、综合研判。进行风险评估，应当听取有关部门的意见，形成风险评估报告，确定风险等级，提出风险防范措施和处置预案。目前，凡是与解决社会发展和群众利益有关的重大政策、重大项目的决策都要进行合法性、合理性、可行性和可控性评估，未经风险评估，一律不得决策。不少地方的决策单位根据需要引入了社会组织、专业机构等开展第三方评估。风险评估结果成为重大行政决策的重要依据。

4. 合法性审查

《重大行政决策程序暂行条例（征求意见稿）》明确要求，决策事项未经合法性审查，或者经审查不合法的，不得提交决策机关讨论。合法性审查内容包括三方面：一是决策事项是否符合决策机关的法定权限；二是决策程序是否符合法定程序；三是决策内容是否符合有关法律法规规章。决策机关法制机构进行合法性审查，必须要充分发挥政府法律顾问、公职律师的作用。2016 年，中共中央办公厅、国务院办公厅印发了《关于推行法律顾问制度和公职律师公司律师制度的意见》的通知，要求党政机关法律顾问要为重大决策、重大行政行为提供法律意见。为此，省级政府普遍设立了政府法律顾问，国务院部门和市县政府也在稳步推进政府法律顾问制度，为政府依法决策提供智力支持。

从全国范围看，各地都在开展一些类似于法务前置的实践，其典型有常州市乡镇街道的法律顾问团、罗田县的法务前沿工程、孟津县的法律体检、杭州余杭的法务前置等。这些实践致力于将国家管理、社会治理纳入法治框架之内,实现对公权力运行的公正行使,通过对决策及重大决定做到合法性事前把关,做到依法决策。青岛市政府进一步健全法律顾问工作机制,印发《法律顾问团管理办法实施细则》和《法律顾问团成员考核办法》,充分发挥法律顾问职能作用,加强重大法律事务审查工作,有效防范决策风险。

5. 集体讨论决定

集体讨论决定是指决策草案以及相关的专家论证意见、风险评估材料、合法性审查意见等决策事项经决策机关常务会议或者全体会议讨论,由行政首长在集体讨论基础上做出决定。集体讨论决定的目的是限制首长权限,抑制独断专行。实践中,政府在做出行政决策,尤其是重大行政决策时,往往迁就领导的偏好,更多体现的是领导的个人意志,不仅导致决策的科学性合理性不足,还导致决策的刚性不足,随着领导的更迭变得反复无常。习近平总书记在谈到决策时特别强调,"我们的政策举措出台之前必须经过反复论证和科学评估,力求切合实际、行之有效、行之久远,不能随便'翻烧饼'"。

(三)决策责任终身制

行政决策特别是重大行政决策往往关乎人民的重大利益和公共安全,一旦出现决策不科学或失误,会严重损害公共利益,给地方的政治、经济和社会造成较大的损失,并最终由全社会共同承担公共决策带来的损失。为监督决策机关审慎做出科学决策,《重大行政决策程序暂行条例(征求意见稿)》不仅规定了重大行政决策的必经程序,还进一步规定了相应的法律责任,即决策机关违反本条例规定,造成决策严重失误或者依法应当做出决策而久拖不决,造成重大损失、恶劣影响的，对行政首长、负有责任的其他领导人员和直接责任人员，依法依规给予处分。

实践中不少地方的法治政府工作报告中都指出要建立重大决策跟踪反馈和责任追究机制，行政决策必须要按照法定程序走，如果政府没有按照法定程序来决策，造成重大损失，就要终身追究责任。之所以要规定重大行政决策责任终身追究和责任倒查机制，就是因为实践当中一些行政领导、行政首长为了追求政绩工程、面子工程，拍脑袋决策，拍胸脯决策，决策错了之后拍屁股走人。这种乱决策、违法决策、不按民主程序决策、不按科学规律决策的情况是经常发生的，要建设法治政府，必须从纠正乱决策开始。要实现责任追究，必须建立重大行政决策实施后评价机制，积极引入公众评价机制，把群众满意作为评价决策成效的基本标准，加强决策执行情况的跟踪反馈，及时纠正工作中存在的问题。

◇四 深化行政执法体制改革

政府管理既不能越俎代庖，管了不该管的事情，也不能放任市场主体破坏公平竞争的市场环境，因此放松管制必须与严格管理相结合，加强行政执法，全面履行政府职责。行政执法是指行政主体依法采取直接或间接影响行政相对人权利义务的行为，或者对行政相对人行使权利、履行义务的情况进行监督和检查的行为。

法律的生命在于实施，行政执法是法律实施的关键环节，也是政府的基本职能，因此深化行政执法体制改革，直接关系到政府依法全面履行职能，关系到国家治理体系和治理能力现代化，关系到经济社会持续健康发展。习近平总书记指出:"行政机关是实施法律法规的重要主体,要带头严格执法,维护公共利益、人民权益和社会秩序。"近些年来,随着法治理念逐步深入人心、民主法治建设不断完善,行政机关执行法律、依法行政的状况有了很大改善,但仍然存在一些问题,突出表现为执法不规范甚至违法、枉法,包括执法不作为、执法乱作为两个方面,选择执法、人情执法、钓鱼执法的现象较为严重。导致执法乱象的原因是多方面的,有执法体制不畅的原因,有执法程序不完善的问题,也有执法人员素质低下的因素,更有甚者,有的行业的执法目的背离公益,是以罚款创收为目的的利益驱动执法。这些问题的存在,严重影响了法律的公正和权威,严重损害了党和政府形象,已经成为行政执法领域中群众普遍关注、各方面反映强烈的突出问题。为此,党的十八届四中全会提出,"深化行政执法体制改革,根据不同层级政府的事权和职能,按照减少层次、整合队伍、提高效率的原则,合理配置执法力量"。行政执法体制改革作为中国行政体制改革的重要组成部分,发展方向包括两个层面:纵向上理顺不同层级政府的事权和职能,减少执法层次;横向上推进综合执法和跨部门执法,整合、减少执法队伍种类。深化行政执法体制改革,一是要理顺执法体制,推动综合执法;二是要严格执法程序,规范执行行为;三是要提高行政执法人员的准入门槛,实行持证上岗和资格管理制度。另外,须加强重点领域的专项行政执法的规范化建设。

(一) 推动综合执法改革

由于传统上实行条块分割的管理体制,各部门分行业设立执法队伍,所谓"大盖帽漫天飞",不仅导致执法力量分散,也容易造成重复检查和处罚,加重企业和群众负担。针对执法分散的情况,不少地方进行执法体制改革创新，尝试推行跨部门综合执法，集中行使执法权。所谓综合执法，是指一个执法主体依据一定的法律程序在合理的管理幅度范围内，综合行使多个行政主体法定职权的行政执法制度。综合执法有利于破除部门壁垒，解决传统执法体制带来的多头执法或推诿执法等问题。目前已经开展综合执法体制改革的领域包括城市管理、文化系统的跨部门综合执法，农业、交通等领域进行的相对集中行政处罚权，以各地行政服务中心为依托的相对集中行政许可权制度。

理顺城管执法体制，推行城市管理综合执法，是深化行政执法体制改革的重点领域。党的十八届三中全会报告提出，理顺城管执法体制，提高执法和服务水平。2015年12月，中共中央、国务院印发《关于深入推进城市执法体制改革 改进城市管理工作的指导意见》，为做好新时期城市管理和城市执法工作指明了方向，完善市县两级政府行政执法管理，推进综合执法，重点在食品药品安全、工商质监、公共卫生、安全生产、文化旅游、资源环境、农林水利、交通运输、城乡建设、商务等领域内推行综合执法，支持有条件的领域推行跨部门综合执法。该意见还提出，到2017年年底，实现住房城乡建设领域行政处罚权的集中行使。2016年之后，不少地方根据该意见制定推行市县综合行政执法的指导意见，例如海南省人民政府于2017年印发《关于深化行政执法体制改革推进市县综合行政执法的指导意见》（琼府〔2017〕19号），提出到2017年年底，各市县建立适应"多规合一"、城市管理以及其他重点领域监管要求的综合行政执法体制，构建科学完备的综合配套机制，实现综合行政执法机构和政府职能部门职责边界清晰，行政执法体系集约高效、运作协调、规范有序的目标。为了改革市场监管体系，实行统一的市场监管，2018年，中国在国务院机构改革中组建国家市场监督管理总局，进一步推进市场监管综合执法。

（二）严格行政执法程序

党的十八届三中全会报告提出，完善行政执法程序，规范执法自由裁量权，加强对行政执法的监督，全面落实行政执法责任制和执法经费由财政保障制度，做到严格规范公正文明执法。许多地方政府印发了《关于改进和加强行政执法工作的实施意见》，开展行政执法专项检查和行政执法案卷评查，进一步规范行政执法工作，提高行政执法水平。不少省份制定了《规范行政处罚裁量权办法》，实施行政处罚裁量基准动态管理，审查修订裁量基准并依法向社会公布，确保处罚力度与违法情节和损害程度相适应。完善行政执法经费财政保障机制，加大对执法部门的资金支持力度，严格执行"收支两条线"制度。为推进行政机关严格、规范、公正、文明执法，政府进一步完善执法程序，建立了行政执法全过程记录、重大行政执法决定法制审核、行政执法公示等三项制度，重点规范行政许可、行政处罚、行政强制、行政征收、行政收费、行政检查等执法行为。建立行政执法全过程记录制度，实现行政执法全程留痕，确保各个环节有据可查。建立重大行政执法决定法制审核制度，重大行政执法决定须经法制机构审核后做出。建立行政执法公示制度，依托政务网，将执法主体、依据、程序、进展、结果等内容向社会公开，接受监督。不少地方政府升级行政执法信息公示系统，网上行政执法大数据建设取得成效，通过整合市、区（市）行政处罚网上平台数据，实现辖区内行政处罚裁量权信息和处罚结果信息一站式公开和查询。

(三) 加强行政执法队伍建设

行政执法直接面对企业和基层，执法队伍尤其是一线执法人员的职业素质如何，直接关系群众利益，关系政府形象，从某种意义上说，行政执法人员就是"看得见的政府"，行政执法人员的执法水平就代表了一个国家的法治水平。

为提升执法水平，树立良好的政府形象，各级政府对执法人员的队伍建设提出了严格要求。首先，提高执法人员的准入门槛。行政执法人员普遍实行持证上岗和资格管理制度，未经执法资格考试合格，不得授予执法资格，不得从事执法活动。目前，各地严格实行行政执法人员持证上岗和资格管理制度，在辖区内开展行政执法人员专项清理与行政执法证件审验工作，注销不在执法岗位或不符合持证要求的行政执法人员证件。从2018年开始，行政机关中初次从事行政处罚决定审核、行政复议、行政裁决、法律顾问的公务员需要参加统一法律职业资格考试制度。虽然，目前要求行政执法人员参加统一的法律职业资格考试还不现实，但是将行政执法人员纳入法治专门队伍则是趋势。其次，加强对上岗人员执法教育和专业培训，推进教育培训制度化、常态化，提高执法人员解决突出矛盾和复杂问题能力。各地举办的培训班包括行政执法听证主持人培训班、行政执法人员年审法律知识更新骨干培训班以及新增行政执法人员公共法律知识培训班等。再次，推行行政执法绩效考核制度，强化行政执法责任制。各地在全面落实行政执法责任制，严格确定不同部门及机构、岗位执法人员执法责任和责任追究机制。加强执法监督，执法依据和结果向社会公开公示，排除对执法活动的干预，防止和克服地方和部门保护主义，惩处执法腐败现象。最后，保障行政执法力量和经费是实行严格规范公正文明执法的基本条件，也是消除当前各种执法乱象的治本之策。执法力量向基层倾斜，科学配置人员编制，充实加强市县和基层一线执法力量，保证重点领域执法需要。全面落实行政执法经费队伍保障制度，确保执法人员工资足额发放。严格执行罚缴分离和"收支两条线"管理制度，严禁收费罚没收入同部门利益直接或者变相挂钩。

（四）规范公安行政执法

公安执法规范性不仅关乎社会稳定和公平正义，而且事关人民群众的人身财产权利，一举一动都会引发社会高度关注。个别地方发生的公安执法不规范的案例不仅刺痛了公众的神经，而且将公安执法推上了风口浪尖。公安是和平时期付出最多、牺牲最大的执法队伍，为国家安全和社会稳定做出了巨大的贡献，但部分公安人员执法简单粗暴也饱受诟病，推动公安执法规范化势在必行。2016年9月，中共中央办公厅、国务院办公厅下发了《关于深化公安执法规范化建设的意见》，国务院办公厅印发了《关于规范公安机关警务辅助人员管理工作的意见》和《关于深化公安执法规范化建设的意见》，明确了今后公安执法工作的重心，指引了公安执法队伍建设的方向，为进一步深化法治政府建设奠定了基础。为落实公安部制定的《公安机关执法办案信息系统使用管理规定》要求，各地公安机关地方统一的执法办案系统，全面实行网上办案，加强了对执法办案待标准化管理和全流程控制。

五 全面推进政务公开

在现代法治语境下,依法行政,建设法治政府,不仅要求政府依法获得、行使权力,并且行政权力的行使过程要阳光透明。2007年,国务院制定《政府信息公开条例》,首次以行政法规的形式确立了中国的政府信息公开制度。此后,政府信息公开从国家层面和地方层面都取得了巨大的进步,政府机关有义务公开政府信息、保障公众知情权的观念逐步深入人心,政府信息公开逐步成为政府的常态工作。公开政府信息、提升政府透明度是建设法治政府的基石,是构建服务型政府的重要保障。党的十八大报告提出,推进权力运行公开化、规范化,完善党务公开、政务公开、司法公开和各领域办事公开制度,让权力在阳光下运行。党的十八届三中全会提出:"推行地方各级政府及其工作部门权力清单制度,依法公开权力运行流程。完善党务、政务和各领域办事公开制度,推进决策公开、管理公开、服务公开、结果公开。"党的十八届四中全会报告在谈到"全面推进政务公开"时进一步指出,"坚持以公开为常态、不公开为例外原则,推进决策公开、执行公开、管理公开、服务公开、结果公开","各级政府及其工作部门依据权力清单,向社会全面公开政府职能、法律依据、实施主体、职责权限、管理流程、监督方式等事项"。2016年2月,中共中央办公厅、国务院办公厅印发实施《关于全面推进政务公开工作的意见》,对政务公开进行界定,即行政机关全面推进决策、执行、管理、服务、结果全过程公开,加强政策解读、回应关切、平台建设、数据开放,保障公众知情权、参与权、表达权和监督权,增强政府公信力执行力，提升政府治理能力的制度安排。2016年11月国务院办公厅印发《〈关于全面推进政务公开工作的意见〉实施细则》，拟在全国选取100个县（市、区）作为试点单位，推进基层政务公开标准化规范化。

近年来，政务公开工作与互联网深度融合，进入了"互联网＋政务"的政务公开新模式。在互联网时代，中国的政务公开的范围得到前所未有的拓展，公开的形式更加多元，将公开与服务相结合，逐步树立起阳光、透明、亲民的形象。

（一）在部分重点领域取得突破

党的十八届四中全会提出："重点推进财政预算、公共资源配置、重大建设项目批准和实施、社会公益事业建设等领域的政府信息公开"。《关于全面推进政务公开工作的意见》也重申了推动这些领域的政府信息公开工作。以下仅以预算公开和政府采购公开为例加以说明。

全面规范、公开透明的预算制度是国家治理体系和治理能力现代化的基础和重要标志，是强化预算约束、规范政府行为、实施有效监督，把权力关进制度笼子的重大改革举措。预算公开是建立和实施全面规范、公开透明的现代预算制度的重要抓手和推动力。近年来，中国的预算公开得到了实质性突破，主要表现为：（1）基本确立了预算公开法制框架，2014年修订《预算法》，增加预算公开规定，初步形成了以预算法、政府信息公开条例为统领，以《国务院关于深化预算管理制度改革的决定》和中办、国办《关于进一步推进预算公开工作的意见》为指南，涵盖政府预算、部门预算和转移支付预算多层次、多方位、具有中国特色的预算公开法制模式；（2）基本形成了财政部门公开政府预算、转移支付预算,各部门公开部门预算的预算公开体系;(3)预算公开方式日益完善,形成了以表格、文字、视频等为主要公开内容,以政府网站为主体,政府公报、报刊、广播、电视、实体政务服务中心为补充,政府网站与新闻网站、商业网站等合作协同的多平台、多渠道公开格局,公开和获取预算信息更加快捷、便利。

公开是政府采购制度的本质要求,是构建法治政府、规范财政资金使用的有效保障,也是规范政府采购活动、提升政府采购公众认知度及认可度的必然要求。《政府采购法》及其实施细则明确将公开透明作为政府采购制度的基本原则之一。2015年《政府采购法实施条例》明确要求,"政府采购项目信息应当在省级以上人民政府财政部门指定的媒体上发布,采购项目预算金额达到国务院财政部门规定标准的,政府采购项目信息应当在国务院财政部门指定的媒体上发布"。财政部也多次发布文件,明确和细化公开要求与标准,《政府采购信息公告管理办法》规定,除涉及国家秘密、供应商的商业秘密,以及法律、行政法规规定应予保密的政府采购信息以外,有关政府采购的法律、法规、规章和其他规范性文件,省级以上人民政府公布的集中采购目录、政府采购限额标准和公开招标数额标准,政府采购招标业务代理机构名录,招标投标信息(包括公开招标公告、邀请招标资格预审公告、中标公告、成交结果及其更正事项等),财政部门受理政府采购投诉的联系方式及投诉处理决定,财政部门对集中采购机构的考核结果,采购代理机构、供应商不良行为记录名单,法律、法规和规章规定应当公告的其他政府采购信息都需要公开。财政部在《关于印发2015年政府采购工作要点的通知》中强调,着力提升政府采购透明度,并在《关于做好政府采购信息公开工作的通知》中再次重申了政府采购信息的公开要求。2017年财政部出台《关于进一步做好政府采购信息公开工作有关事项的通知》（财库〔2017〕86号），提出2017年9月起，公开成交记录；统一发布平台，依托中国政府采购网建立地方分网；完整全面发布政府采购信息。2018年，电子交易发展迅猛，全国有23个地区通过自建电子卖场或依托其他电商平台，实现了部分货物服务的电子交易，极大提高了采购透明度。

（二）平台呈立体多元态势

在"互联网＋政务"的时代背景下，政府不断创新政务公开方式，加强互联网政务信息数据服务平台建设。目前，移动端已逐渐成为公众获取资讯的主要方式，国务院各部门和地方各级政府敏锐把握这一趋势，积极拓展政务公开渠道，探索新媒体应用，"两微一端"成为政府信息公开的常态模式。政务信息公开平台的发展沿着从线下到线上、从PC端到移动端、从"广场喇叭"到"圈子传播"的路径。除了传统的门户网站发布方式外，多个地方和部门的政务公开都采用了微博、微信、APP同步推送的方式，使人们对政务信息的获取、下载更为便利，观感更为立体、多元。

（三）由单向转为互动模式

近年来，国家越来越重视信息公开，已经将公开作为推动改革、推动简政放权、转变政府治理方式、构建新型政民关系的手段，强调公开、解读、回应三位一体式的公开，对政府信息公开的要求也就越来越高了。传统上，政务公开是单向的，政府基于满足公众知情权的需要向社会单向披露信息，随着公众的参与意识越来越强，公众不仅仅满足于被告知，还需要政府及时了解和回应公众关注的焦点问题。

2016年9月，国务院印发《关于加快推进"互联网＋政务服务"

工作的指导意见》，为推进"互联网+政务服务"指明了任务表和路线图。"互联网+政务"除了能为公众提供更为丰富的信息和数据之外，还可以实现网络预约、提交申请、预审等相关服务，极大地提高了政府服务效率，方便了企业和公众办事。但目前政府之间的数据资源协同共享、业务系统互联互通未实现突破，各类数据中心无法互联互通，而且还重复建设，造成了一定的浪费。对此，国务院办公厅印发《政务信息资源共享管理暂行办法》，为推动部门之间信息共享提供了基本思路，政务信息资源应当以共享为原则、不共享为例外。对于无条件共享信息，使用部门可以直接在共享平台上获取；对于有条件共享信息则需要提出申请，提供部门则应当在十个工作日内答复；对于不予共享信息则由使用部门与提供部门协商解决。各地政府借助政务服务网，切实扩大网上办事范围，方便人民群众通过互联网查询、办事、提出意见和建议，以互联网思维强化政府在线便捷、高效、透明的行政服务功能。政务公开不再是花瓶式的形象工程，而是真正能让公众得到实惠的惠民工程。

◇◇六　法治政府发展展望

建设法治政府的目标确立之后，尤其是2012年以来，中国的依法行政建设取得了前所未有的成绩，通过深化行政审批改革、健全依法决策机制、严格规范执法和提升政府透明度，为建成职权法定、决策科学、执法有力、公开透明的法治政府和服务型政府奠定了坚实的基础。然而，法治政府建设在取得上述成效的同时，不少行政管理者对行政权力的来源与本质的认识还有待提升，对法治的理解不能仅仅停留于表面，还要从内心尊崇权利和法律。法治政府建设还应在某些领域加强顶层方案设计，在某些地方真正贯彻落实顶层设计，减少"纸上法治""口头法治"，多一些法治实践。

以行政审批制度改革为例，应避免或减少事前监管的惯性思维的干扰，清理和下放审批事项应实事求是，而不能避重就轻，仅仅清理和下放一些细枝末节，更不能为了营造改革效果而做数字游戏，让那些本来就不应该存在但能带来实际利益的审批事项真正得到清理。行政审批制度改革只有破除权力迷信、斩断利益输送链条，才能取得实质性进展，最终达到转变政府职能，厘定政府、市场和社会界限的目的。审批制度改革的背后是政府与市场、中央与地方的利益博弈，目前行政审批改革制度不能完全由政府操刀，应该吸纳相关公众、专家、企业等社会主体的多元参与，并用严格的法定程序规范改革过程，审批事项的存、改、废需要进行科学的成本—收益分析。

法治政府建设过程中也难免会出现形式主义的问题，例如，在推行政府依法决策进程中，行政决策程序存在搞形式、走过场的现象。按照相关的规定，重大事项的决策必须经过专家论证等程序，但是实践中专家论证往往流于形式，应当进行专家论证而没有进行，对专家提出的合理可行的论证意见和建议不予采纳。未来在法治政府建设过程中要预防和克服形式主义的问题，不断提升法治理念，强化规则意识，并进行完善的制度设计。

在法治政府建设过程中，对于审批权的集中行使、综合执法以及事前事中事后监管还存在争议，要进一步推进法治政府建设，还须加强对相关理论问题的研究。未来，法治政府建设应该在鼓励地方法治创新的同时，还应从理论上对行政权的内部结构进行论证分析，从而就权力配置制定顶层设计方案。从趋势看，行政权力纵向扁平化和横向大部制的发展方向是确定的，并且就行政权力内部而言，各部门的审批权集中到审批局行使、执法权集中到综合执法局也应该是大势所趋，因为权力的分段行使可以有效避免"以审代管""以罚代管"，也更能提高行政效率，破解"事多人少"的矛盾。

另外，法治政府建设需要破除对全能政府的迷信，必须承认政府是有限的，管理事项是有限的，管理能力也是有限的。现代监管模式总是强调事前事中事后全程监管，这种监管模式看似全环节无漏洞，然而这种监管是不计成本的，且高估了政府的监管能力。事实上，最为有效的监管应该是降低准入门槛，但设定严苛的事后监管机制，并借助日益完善的社会诚信体系，淘汰违法的市场主体，最终达到净化市场的效果。这种事后监管的公法机制还应与侵权赔偿、产品质量保险等私法机制相结合，从而提升社会治理能力和治理水平。当然，在信息透明、共享的时代，政府治理不是单向的，应该与社会互动才能达到社会共治的目的。

最后，法治政府建设须引入科学的评估机制。法治政府建设成效如何不能靠政府自说自话，仅靠行政化的考核难以发挥导向激励推动作用，应引入中立客观的第三方评估机制，构建科学合理的评估指标体系。

第 三 章

司法改革：维护公平正义

司法制度是政治制度的重要组成部分，司法公正是社会公正的重要保障。自中华人民共和国成立特别是改革开放以来，中国坚持从国情出发，在承继中国传统法律文化优秀成果、借鉴人类法治文明的基础上，探索建立并不断完善中国特色社会主义司法制度，维护了社会公正，为人类法治文明做出了重要贡献。中国共产党第十九次全国代表大会报告把"推进科学立法、严格执法、公正司法、全民守法"上升到厉行法治，进行国家治理的一场深刻革命的高度。

◇ 一 中国的司法制度概况

中国的司法制度是一套完备的人民司法制度体系，在整个国家体制中具有非常重要的地位和作用。

广义上来说，中国的司法制度是指司法机关及其他的司法性组织的性质、任务、组织体系、组织与活动的原则以及工作制度等方面规范的总称，具体包括审判制度、检察制度和司法行政管理制度等。

（一）审判制度

根据《宪法》和《人民法院组织法》，中国法院是国家的审判机关。法院依照法律规定独立行使审判权，不受行政机关、社会团体和个人的干涉。人民法院审理案件，除法律规定的特别情况外，一律公开进行。

法院系统由最高人民法院、地方各级人民法院和军事法院等专门人民法院组成。其中最高人民法院是国家最高审判机关，监督地方各级人民法院和专门人民法院的审判工作。上级人民法院监督下级人民法院的审判工作。地方人民法院分为三级：高级人民法院、中级人民法院和基层人民法院。专门法院包括军事法院（解放军、集团军级单位、师级单位三级）、铁路运输法院（设中级、基层二级）、海事法院（不分级，相当于中级人民法院）等。

中国的法院产生于同级的立法机关——人民代表大会，并对立法机关负责，最高人民法院对全国人民代表大会和全国人民代表大会常务委员会负责。地方各级人民法院对产生它的国家权力机关负责。

法院内部的审判组织包括：合议庭、独任审判和审判委员会。合议庭是中国法院审判案件的基本审判组织，其审理普通的一审刑事、民事和行政案件，二审、再审、重审案件。合议庭成员由三名以上的法官或者法官和陪审员组成，但是人数必须为单数。合议庭评议案件时，如果意见分歧，少数应当服从多数，但是少数人的意见应当记入评议笔录，由合议庭的组成人员签名。

独任制是由审判员一人对具体案件进行审理和做出裁判的制度。独任制主要适用于基层人民法院及派出法庭用简易程序审理的一审民事、行政案件；特别程序案件（选民资格和重大疑难案件除外）；非讼程序（公示催告程序中的除权判决程序除外）以及对可能判处三年有期徒刑以下刑罚的刑事案件。

审判委员会是中国特有的审判组织形式，是本院决定案件处理的最高审判组织，是审判业务方面的决策机构，指导和监督全院审判工作。其任务是：总结审判工作经验，讨论重大或疑难案件以及其他有关审判工作问题。审判委员会实行民主集中制。审判委员会讨论案件，依法实行回避制度。

（二）检察制度

《宪法》和《人民检察院组织法》规定，人民检察院是国家的法律监督机关。人民检察院依照法律规定独立行使检察权，不受行政机关、社会团体和个人的干涉。中国的检察机关行使公诉权，在监察体制改革之前，还同时行使批准逮捕权、逮捕权、抗诉权，对涉及贪污、玩忽职守、侵犯人民选举等特定犯罪有自行侦查权。监察体制改革调整了人民检察院的侦查职权，职务犯罪侦查权转隶国家监察委员会，保留了人民检察院对司法工作人员利用职权实施的非法拘禁、刑讯逼供、非法搜查等侵犯公民权利、损害司法公正案件的自行侦查权。中国历来都将检察院视为与法院并立的、独立行使检察权的司法机关。

人民检察院按照人民法院的级别对照设立，中华人民共和国设立最高人民检察院、地方各级人民检察院和军事检察院、铁路运输检察院等专门检察院。检察院实行同级人民代表大会、上级检察院双重领导制度。最高人民检察院领导地方各级人民检察院和专门人民检察院的工作，上级人民检察院领导下级人民检察院的工作。最高人民检察院对全国人民代表大会和全国人民代表大会常务委员会负责。地方各级人民检察院对产生它的国家权力机关和上级人民检察院负责。

(三) 司法行政制度

司法行政制度，是关于司法行政的性质、任务、工作原则与工作规范等的总和，同时也是司法行政机关、司法行政程序和司法行政法律法规的总和。

在中国，司法行政机关是各级政府的组成部分。国家司法部属国务院。地方各级政府的司法行政机关称为司法厅或司法局。它不是司法机关，所以不能具体办案。具体地说，就是在广义的司法行政概念的基础上，除去公安机关、国家安全机关、检察机关、审判机关等自己行使内部系统管理的司法行政工作任务之外的那一部分，主要含包括普法、依法治理、刑罚执行、社区矫正、基层人民调解、监狱劳教、司法鉴定管理、司法公证、法律援助等主要职能。

二 司法改革的进程与目标

中国的司法制度总体上与中国现阶段的基本国情相适应，符合人民民主专政的国体和人民代表大会制度的政体。同时，改革开放以来，中国经济社会快速发展，社会公众的法治意识显著增强，司法环境发生深刻变化，司法工作遇到许多新情况、新问题，现行司法体制和工作机制中存在的不完善、不适应问题日益凸显，迫切需要在改革中逐步完善和发展。

近些年来，中国积极、稳妥、务实地推进司法体制和工作机制改革，本轮司法改革不是中国当代以来的第一次司法改革，也绝不会是最后一次。自20世纪90年代以来，中国经历了数次司法改革，本轮司法改革肇始于 2012 年。

新一轮的司法改革肇始于中共十八大，2012 年中共十八大报告提出"要进一步深化司法体制改革"，并将司法体制改革作为全面深化改革的重头戏。而且与以往司法改革由中央政法委主导不同，本轮司法改革由中央顶层设计并统一部署，改革层级高、力度大。

此后党的十八届三中全会通过的《中共中央关于全面深化改革若干重大问题的决定》明确提出"深化司法体制改革，加快建设公正、高效、权威的社会主义司法制度"，并将推动省以下地方法院、检察院人财物统管，完善司法人员分类管理、健全司法人员职业保障制度，完善主审法官、合议庭办案责任制，让审理者裁判、由裁判者负责等作为改革的四项基本任务。

党的十八届四中全会"研究全面推进依法治国重大问题"，审议通过了《中共中央关于全面推进依法治国若干重大问题的决定》，专门就全面推进依法治国做出部署，以建设中国特色社会主义法治体系，建设社会主义法治国家为总体目标。这是第一次在党的中央全会上专题研究依法治国基本方略，在党的历史上是绝无仅有的事情。这表明，司法改革已经以前所未有的程度进入执政党的主要政策议程，成为建设"法治国家"这个执政目标不可或缺的一部分。

2014 年 2 月 28 日，中央全面深化改革领导小组（以下简称中央深改组）第二次会议审议通过的有关文件，明确了深化司法体制改革的目标、原则，确定了路线图和时间表，并对重点难点问题制定了政策导向。同年 6 月 6 日，中央全面深化改革领导小组第三次会议审议通过《关于司法体制改革试点若干问题的框架意见》，标志着我国司法体制改革正式启动。

随后，司法改革进入地方试点阶段。2016 年，第三批司法改革试点省份的司法改革启动，司法改革已经在全国各省市全面铺开。

中国新一轮司法体制改革基于以下几个背景。

首先，党的十八大报告把"全面推进依法治国"作为推进政治体制改革的一项重要部署。中共十八大报告明确全面推进依法治国，同时将进一步深化司法体制改革作为"全面推进依法治国"的重要举措之一。报告还将"坚持和完善中国特色社会主义司法制度""确保审判机关、检察机关依法独立公正行使审判权、检察权""法律面前人人平等""任何组织或者个人都不得有超越宪法和法律的特权，绝不允许以言代法、以权压法、徇私枉法"等先进的法治理念写入中共十八大报告。中共十八大开启了本轮司法改革的大门，并将其提升到政治体制改革的高度进行阐述，体现了中共中央对本轮司法改革的高度重视和空前力度。

其次，将司法改革作为依法治国和法治理念的重要组成部分。早在1997年，中共十五大就提出"依法治国是党领导人民治理国家的基本方略"的执政纲要，但是此前的"依法治国"方针更加强调立法、执法与守法，即"有法可依、有法必依、执法必严、违法必究"，没有突出公正司法在法律制度中的地位和意义，中共十八大确定了依法治国的"新十六字方针"，明确将公正司法作为依法治国的重要目标和抓手，即"科学立法、严格执法、公正司法、全民守法"，增加了"公正司法"，更加凸显了司法在建设社会主义法治国家中的分量。

最后，人民对司法公正的强烈期盼和要求。作为法治的生命线，公平正义是司法重要的价值，也是本轮司法改革的目的和宗旨。司法公正对社会公正具有重要引领作用，司法不公对社会公正具有致命破坏作用。习近平总书记在主持十八届中共中央政治局第四次集体学习时提出，"要努力让人民群众在每一个司法案件中都感受到公平正义，所有司法机关都要紧紧围绕这个目标来改进工作,重点解决影响司法公正和制约司法能力的深层次问题"。而人民群众对司法公正有着最为强烈的期盼,这成为本轮司法改革根本的动力之一。

◇三 司法改革的举措与成效

本次改革以体现司法规律性和满足人民群众的需求作为基本出发点,进行了以下几个方面的重大革新。

(一)依法独立公正行使审判权和检察权

人民法院独立行使审判权、人民检察院独立行使检察权,是司法权力公正行使的前提和基础,也在《中华人民共和国宪法》条文中予以明确规定。但是,在司法实践中,司法权行使受到一些外部因素的干扰,对司法公正产生了不良影响,本轮司法改革将确保依法独立公正行使审判权和检察权作为首要任务提出,具有深远的意义。

1. 建立领导干部干预司法活动、插手具体案件处理的记录、通报和责任追究制度

党的十八届四中全会公报提出:"各级党政机关和领导干部要支持法院、检察院依法独立公正行使职权。建立领导干部干预司法活动、插手具体案件处理的记录、通报和责任追究制度。任何党政机关和领导干部都不得让司法机关做违反法定职责、有碍司法公正的事情,任何司法机关都不得执行党政机关和领导干部违法干预司法活动的要求。对干预司法机关办案的,给予党纪政纪处分;造成冤假错案或者其他严重后果的,依法追究刑事责任。"对领导干部干预司法、

插手具体案件提出了严重警告。

2015年2月,中央深改组第十次会议通过《关于领导干部干预司法活动、插手具体案件处理的记录、通报和责任追究规定》。同年3月,中共中央办公厅(以下简称中办)、国务院办公厅(以下简称国办)印发该规定,中央政法委印发《司法机关内部人员过问案件的记录和责任追究规定》。这些文件规定任何领导干部不得要求司法机关违反法定职责或法定程序处理案件,司法机关内部人员不得违反规定过问和干预其他人员正在办理的案件等。最高人民法院、最高人民检察院相继出台贯彻落实以上文件的实施办法或者细则。这有利于为司法机关依法独立公正行使职权提供制度保障。

2015年11月6日,中央政法委首次公开通报5件干预司法、过问案件的典型案件,2件为任区委书记、政法委书记时作为领导干部插手具体案件处理,3件为庭长、法警、书记员过问案件。[①]

这项保障司法权独立行使的司法改革特点突出:第一,其针对的对象是"领导干部",这里的领导干部既包括法院内部的领导干部,也包括党的机关、立法机关、行政机关领导干部在内的任何领导干部,既包括领导干部个人,也包括党政机关本身,体现出改革对权力的约束,以及对独立行使司法权的重视程度;第二,改革不是仅仅停留在公报、口号上,而是出台了比较规范、详细的规定和制度,而且要求各地定期报送违反上述规定的信息,通报领导干部干预司法的典型案例,确保改革落到制度上、落到实处。

2. 建立健全司法人员履行法定职责保护机制

司法人员依法履行法定职责,只有得到充分有效的保护,才能敢

[①] 参见彭波《中央政法委首次通报五起干预司法典型案例》,《人民日报》2015年11月7日第5版。

于担当、不徇私情，做到始终忠于法律、公正司法，维护好社会公平正义的最后一道防线。因此，十八届三中全会、十八届四中全会公报分别提出"健全法官、检察官、人民警察职业保障制度""建立健全司法人员履行法定职责保护机制。非因法定事由，非经法定程序，不得将法官、检察官调离、辞退或者作出免职、降级等处分"以及"完善职业保障体系，建立法官、检察官、人民警察专业职务序列及工资制度"。

2016年4月18日，中央深改组审议通过了《保护司法人员依法履行法定职责规定》（以下简称《履职规定》）。同年7月28日，中办、国办印发了该规定。这一文件规定共二十七条，细化了司法人员各类权益保障机制、拓展了司法职业保障范围，是中国首个全面加强法官、检察官依法履职保护的纲领性文件。规定明确，一是将依法履职保障时空从法庭和工作时间延伸至法院和工作时间之外。强调对采取不实举报、诬告陷害、利用信息网络等方式侮辱诽谤法官、泄露法官个人信息的，要依法追究有关人员责任。对威胁和暴力伤害法官的行为，明确了公安机关快速出警、果断处置的义务。二是确立了非经法官、检察官惩戒委员会审议不受错案责任追究的原则，使"非因法定事由，非经法定程序，不得将法官、检察官调离、免职、辞退或者作出降级、撤职等处分"的规定可执行、能操作，以保障那些秉公执法、不听"招呼"的法官、检察官不被随意调离、处分。三是首次在中央文件中明确"任何单位或者个人不得要求法官、检察官从事超出法定职责范围的事务。人民法院、人民检察院有权拒绝任何单位或者个人安排法官、检察官从事超出法定职责范围事务的要求"，防止一些地方摊派招商引资、征地拆迁、环境卫生、挂职下乡、行风评议等任务，影响法官、检察官依法履职。四是在规范考评考核方面，《履职规定》明确考核法官、检察官办案质量，评价工作业绩，应当客观公正、符合司法规律的原则。

2017年2月7日，最高人民法院印发《人民法院落实〈保护司法人员依法履行法定职责规定〉的实施办法》。最高人民检察院通过官方网站发布的《关于深化检察改革的意见（2013—2017年工作规划）》（2015年修订版）中提出要"建立健全检察人员履行法定职责保护机制"。通过这些实施办法、工作规划贯彻落实上述文件精神。

从上述改革措施可以看出，党的十八届三中、四中全会将保护司法人员依法履行法定职责作为部署的重点改革任务，一是中办、国办联合发文加强司法人员履职保护，体现中央对这项改革的重视程度。二是《履职规定》规定的内容十分全面，从司法人员的安全保障到身份保障，从职权保障到责任豁免都有明确的规定。三是《履职规定》要求十分明确，例如，对于不得要求法官、检察官从事超出法定职责范围的事务；不得以办案数量排名、末位淘汰；法官、检察官惩戒委员会审议法官、检察官错案责任案件，应当进行听证；法官、检察官在法定工作日之外加班的，应当补休；不能补休的，应当在绩效考核奖金分配时予以平衡等。

3. 司法机关人财物统管

司法行政事务管理权是中央事权，非地方事权，司法体制改革的最终目标是实现司法行政管理权限全部收归国家，由全国统一管理，但一步到位全部收归国家目前尚有一定困难，目前授权由省级统管省以下地方法院、检察院的人财物具有过渡性。因此，党的十八届三中全会提出改革司法管理体制，推动省以下地方法院、检察院人财物统一管理。党的十八届四中全会进一步提出改革司法机关人财物管理体制，探索实行法院、检察院司法行政事务管理权和审判权、检察权相分离的制度。

2015年试点省份推进人财物省级统管改革,改变了原来由县市提名、管理、任免地方司法人员和由县市地方保障司法经费的机制。上海试点全市法官、检察官统一提名、分级任免,组建由各部门、专家组成的法官、检察官遴选(惩戒)委员会。在财物管理上,将区县司法机关纳入市财政统一管理。广东试点方案规定,人事方面,法院、检察院工作人员实行省级统一管理,具体包括市级、县级法院院长、检察院检察长由省级党委(党委组织部)管理,法官、检察官由省统一组织遴选并按法定程序任免,全省法院、检察院系统机构编制统一由省机构编制部门归口管理等改革内容。此外,规定担任法院院长、检察院检察长的人员,除具有担任领导干部的政治素质外,还应具有法学专业知识和法律职业经历。财物方面,市、县法院、检察院作为省级政府财政部门一级预算单位,向省级财政部门直接编报预算,预算资金通过国库集中支付系统直接拨付。湖北试点方案规定,组建法官、检察官遴选(惩戒)委员会,分设在省一级,且社会各界代表所占比例不少于50%。①

省以下司法机关人财物统一管理有利于县市两级地方司法机关的人事和财政摆脱对县市地方政府的依赖,保障法院、检察院依法独立行使审判权、检察权。这项改革的初衷是为了减少外部不当干扰,随着改革推进,外部干预大为减少,司法环境明显改善。但是中国经济社会发展不平衡,不同地方司法保障水平差别大,实行财物省级统一管理确实存在困难。因此,中央指出,各省、自治区、直辖市推进省以下地方法院、检察院人财物统一管理时,可从实际出发、因地制

---

① 陈卫东、郑博:《司法改革:问题与展望》,载李林、田禾主编《法治蓝皮书:中国法治发展报告No.13(2015)》,社会科学文献出版社2015年版。

宜，不强求步调绝对一致。条件具备的由省级统一管理或以地市为单位实行统一管理，条件不具备的，可暂缓实行。①

4. 法官、检察官选任制度改革

社会主义法治国家的建设离不开一支高效、廉洁、业务能力突出的高素质法治队伍。为了推进法治专门队伍正规化、专业化、职业化，提高职业素养和专业水平。党的十八届三中全会提出要"健全法官、检察官、人民警察统一招录、有序交流、逐级遴选机制"，党的十八届四中全会公报在"加强法治工作队伍建设"一章专门提出要完善法律职业准入制度，健全国家统一法律职业资格考试制度。建立从符合条件的律师、法学专家中招录立法工作者、法官、检察官制度，畅通具备条件的军队转业干部进入法治专门队伍的通道，健全从政法专业毕业生中招录人才的规范便捷机制。加强边疆地区、民族地区法治专门队伍建设。建立法官、检察官逐级遴选制度。初任法官、检察官由高级人民法院、省级人民检察院统一招录，一律在基层法院、检察院任职。上级人民法院、人民检察院的法官、检察官一般从下一级人民法院、人民检察院的优秀法官、检察官中遴选。

2016年3月召开的中央全面深化改革领导小组第二十二次会议审议通过《关于建立法官检察官逐级遴选制度的意见》《关于从律师和法学专家中公开选拔立法工作者、法官、检察官的意见》，6月26日，中办印发《从律师和法学专家中公开选拔立法工作者、法官、检察官办法》。上述意见和办法指出，建立法官、检察官逐级遴选制度以及从律师、法学专家中公开选拔立法工作者、法官、检察官是加强法治专门队伍正规化、专业化、职业化建设的重要措施。要遵循司法

---

① 祁建建：《2016年司法改革的新进展》，载李林、田禾主编《法治蓝皮书：中国法治发展报告 No.15（2017）》，社会科学文献出版社2017年版。

规律、坚持正确的选人用人导向,建立公开公平公正的遴选、公开选拔机制,规范遴选和公开选拔条件、标准、程序,真正培养好使用好政治素质高、业务能力强、职业操守正的优秀法治人才。意见还提出稳妥有序推进、注重制度衔接、确保队伍稳定的要求。

司法机关根据上述意见和规定也开始试点法官、检察官选任工作。2015年,最高人民法院、最高人民检察院分别面向下级法院、检察院公选法官8名、检察官10名。2015年上海市首次向社会公开选任法官、检察官,并成功选任1名三级高级法官和1名三级高级检察官。2017年1月,广东省高级人民法院、广东省人民检察院对外发布公告,向广东全省执业律师、高等院校和科研机构专家学者、党政机关从事法律工作的人员公开选拔6名法官、5名检察官,选拔职位是四级高级法官、检察官或一级法官、检察官。

上述制度的制定和落实有助于拓宽法官、检察官选任渠道,优化法官、检察官队伍结构,也有助于建立立法工作者、法官、检察官、律师、法律学者之间的相互沟通、信赖机制,促进法律共同体的形成。

5. 推进员额制,完善司法人员分类管理

建立符合职业特点的司法人员分类管理制度是深化司法体制改革的基础性保障,长期以来中国对司法人员的管理模式等同于公务员管理,至今尚未完成司法职业化队伍建设。[①] 为此,党的十八届三中全会、四中全会均提出建立符合职业特点的司法人员管理制度、完善司法人员分类管理制度等要求。中央全面深化改革领导小组第三次会议通过《关于司法体制改革试点若干问题的框架意见》以及《上海市

[①] 陈卫东、郑博:《司法改革:问题与展望》,载李林、田禾主编《法治蓝皮书:中国法治发展报告 No.13(2015)》,社会科学文献出版社2015年版。

司法改革试点工作方案》，对司法人员分类管理做出规定。司法人员包括法官、检察官、司法辅助人员、司法行政人员等。2011年7月中组部会同最高人民法院、最高人民检察院出台《法官职务序列设置暂行规定》《检察官职务序列设置暂行规定》，单独设置法官、检察官职务序列，淡化其行政色彩。基于司法权与行政权属性的差异以及法官、检察官的职业特点，对法官、检察官的管理应区别于公务员管理模式，从司法职业队伍建设来讲应建立法官、检察官员额制，提升其司法能力。①

截至2018年3月，中国法院从211990名法官中遴选产生120138名员额法官，其中最高人民法院遴选产生367名员额法官。积极开展法官助理、书记员职务序列改革，充实审判辅助力量，实现85%以上人员向办案一线集中。② 检察官员额制全面推开，从原有16万名检察官中遴选出员额内检察官8.7万名，入额检察官全部配置在办案一线，实行员额动态管理。③

法官、检察官员额制有利于按照司法规律重构司法机关内部资源配置方式，突出法官、检察官在司法中的地位和作用。但是中央将员额上限确定为中央政法专项编制39%。④ 员额制改革后部分法官、检

---

① 陈卫东、郑博：《司法改革：问题与展望》，载李林、田禾主编《法治蓝皮书：中国法治发展报告No.13（2015）》，社会科学文献出版社2015年版。

② 周强：《最高人民法院工作报告——2018年3月9日在第十三届全国人民代表大会第一次会议上》。

③ 曹建明：《最高人民检察院工作报告——2018年3月9日在第十三届全国人民代表大会第一次会议上》。

④ 参见《司法改革全面有序推进成效明显》，《法制日报》2015年12月4日第1版。指出试点"改革后，各地法官、检察官员额均控制在中央政法专项编制的39%以内，并留有余地"；也可参见商西《最高法：司法改革中法官员额比不能突破》，《南方都市报》2015年7月4日。

察官无法继续留任，需转任司法辅助人员或者司法行政人员，因此面临诸多挑战，从而成为本轮司法改革的焦点问题。

由此，提出以下举措应对员额制所带来的挑战。

第一，确定员额的比例和基数时不宜一刀切，以缓解案多人少的现象。中央提出完善员额制改革政策，适当增加基层法院检察院员额比例。一是以前招录的事业编制、聘用制人员中已成长为业务骨干的可考虑作为确定员额比例的基数。招录这些人员本是为了缓解由于政法专项编制增幅远低于案件增速、不能满足实际需要而产生的案多人少现象。二是中国不同地方经济社会发展水平差异大，在确定员额比例和基数时不宜一刀切。中国80%左右的案件在基层，对案多人少矛盾突出的基层法院检察院，可考虑把事业编制人员纳入员额比例的基数，以留住一线办案业务骨干。三是如果这些地区仍存在案多人少现象的，可考虑把员额比例提高到40%左右。具体比例和基数由各省、自治区、直辖市司法体制改革领导小组把握。如广东实行全省统筹、以案定额，向基层、办案量多的地方倾斜。珠三角核心5市法院案件量占全省近70%，且新型疑难复杂案件多，分配到的员额占全省的65.56%。

第二，要求入额法院检察院领导干部要办理一定数量案件。改革中提出领导干部入额后要亲自办理一定数量的案件。2017年4月18日，最高人民法院印发了《关于加强各级人民法院院庭长办理案件工作的意见（试行）》，要求各级人民法院院庭长应当根据分管的审判工作，结合专业背景和个人专长办理案件，重点审理重大、疑难、复杂、新类型和在法律适用方面具有普遍指导意义的案件。基层、中级人民法院庭长办案数不低于本部门法官平均办案数的50%—70%，基层人民法院院长办案量应当达到本院法官平均办案量的5%—10%，其他入额院领导应当达到本院法官平均办案量的30%—40%。中级人民法院院长办案量应当达到本院法官平均办案量的5%，其他入额院领导应当达到本院法官平均办案量的20%—30%。要求各地积极探索领导干部既能抓好行政管理工作又能多办案、办好案的正确导向，树立领导干部内行形象，促进司法公信力的提升。

第三，提升人案配比科学性。2016年9月《最高人民法院关于进一步推进案件繁简分流优化司法资源配置的若干意见》提出提升人案配比科学性，要求在精确测算人员、案件量和工作量的基础上，对不同法院和不同审判部门的审判力量进行动态调整。根据法院审级、案件繁简等因素合理确定法官、法官助理、书记员配置比例，界定各自职能定位及相互关系，最大限度地发挥审判团队优势。

（二）优化司法职权配置

优化司法职权配置是提升司法公正效率的重要手段，也是历次司法改革的重点。党的十八大提出优化司法职权配置，包括推动实行审判权和执行权相分离的体制改革试点，最高人民法院设立巡回法庭，探索设立跨行政区划的人民法院和人民检察院，探索建立检察机关提起公益诉讼制度等内容，改革后司法职权配置将更加符合司法规律。

1. 设立巡回法庭

党的十八届四中全会通过的《中共中央关于全面推进依法治国若干重大问题的决定》中确定最高人民法院设立巡回法庭，审理跨行政区域重大行政和民商事案件。其目的在于确保国家法律统一正确实施。调整跨行政区划重大民商事、行政案件的级别管辖制度，实现与最高人民法院案件管辖范围的有序衔接。

2015年1月，根据《最高人民法院关于巡回法庭审理案件若干问题的规定》，最高人民法院第一、二巡回法庭相继在深圳和沈阳成立。2016 年 11 月，中央深改组第二十九次会议审议通过《关于最高人民法院增设巡回法庭的请示》，在重庆市、西安市、南京市、郑州市又增设四个巡回法庭，至此，最高人民法院巡回法庭已经覆盖中国东北、华中、华南、西北、西南、华东六大区域。

巡回法庭是最高人民法院派出的常设审判机构，并非独立于最高人民法院的上诉法庭，其审理跨行政区划民商事、行政等案件，依法办理申诉、信访等案件，做出的是最高人民法院的判决、裁定和决定。巡回法庭推动最高人民法院审判工作重心下移、就地解决纠纷、方便当事人诉讼，审理跨省级行政区划或涉及省级利益的重大案件，在审判权力运行、人员分类管理、内设机构设置、法律统一适用、涉诉信访终结等方面都具有重大的改革创新意义。① 2018 年最高人民法院工作报告称，2017 年，巡回法庭共审结案件 1.2 万件，占最高人民法院办案总数的 47%，实现最高审判机关重心下移，被群众称为"家门口的最高人民法院"。发挥巡回法庭贴近基层一线、就近化解纠纷的优势，共接待群众来访 4.6 万人次，最高人民法院本部接待来访总量下降 33.2%。②

2. 设立跨行政区划的人民法院和人民检察院

中国现有地方各级法院 3520 余家、地方检察院 3600 余家，绝大多数设置与行政区划相对应，便于管辖和诉讼。但由于人财物受制于地方，司法权容易受地方党政部门的干预。党的十八届四中全会公报

---

① 参见贺小荣、何帆、马渊杰《〈最高人民法院关于巡回法庭审理案件若干问题的规定〉的理解与适用》，《人民法院报》2015 年 1 月 29 日第 5 版。

② 周强：《最高人民法院工作报告——2018 年 3 月 9 日在第十三届全国人民代表大会第一次会议上》。

要求探索设立跨行政区划的人民法院和人民检察院，办理跨地区案件。中央深改组第七次会议审议通过了《设立跨行政区划人民法院、人民检察院试点方案》，通过设立跨行政区划法院，集中审理跨区域的民商事、行政和环境资源案件，排除地方对司法的影响。

此后，法院和检察院根据中央深改组要求分别探索设立跨行政区划法院和跨行政区划的检察院，构建普通类型案件在行政区划法院、检察院办理，特殊类型案件在跨行政区划法院、检察院办理的诉讼格局，完善司法管辖体制。将铁路运输法院改造为跨行政区划法院，主要审理跨行政区划案件、重大行政案件、环境资源保护、企业破产、食品药品安全等易受地方因素影响的案件，跨行政区划人民检察院提起公诉的案件和原铁路运输法院受理的刑事、民事案件。2014年，北京市第四中级人民法院和北京市人民检察院第四分院、上海市第三中级人民法院和上海市人民检察院第三分院正式挂牌成立，开始管辖审理跨区域案件。

此外，中国进一步探索专门法院建设，如2014年，北京、上海和广州设立了知识产权专门法院。知识产权法院围绕技术类案件的审理，探索完善符合中国国情、具有中国特色的技术调查官制度，提高技术事实查明的科学性、专业性和中立性，保证技术类案件审理的公正与高效。

3. 审判权和执行权相分离，加大民事执行力度

司法执行是确保司法裁判得以落实、当事人权益得以保障的最后一道关口，是实现社会的公平正义，提升司法公信力的关键环节。长期以来，法院"执行难"一直被人民群众所诟病，对司法权威造成较大的损害。为此，党的十八大报告提出，完善司法体制，推动实行审判权和执行权相分离的体制改革试点。党的十八届四中全会进一步提

出深化执行体制改革,推动实行审判权和执行权相分离的体制改革试点。建立失信被执行人信用监督、威慑和惩戒法律制度。加大司法拍卖方式改革力度,重点推行网络司法拍卖模式等具体执行改革举措。

2016年6月,中央深改组第二十五次会议审议通过《关于加快推进失信被执行人信用监督、警示和惩戒机制建设的意见》,要求建立健全跨部门协同监管和联合惩戒机制,提高执行查控能力建设,完善失信被执行人名单制度,完善党政部门支持人民法院执行工作制度,构建"一处失信、处处受限"的信用惩戒大格局,明确限制项目内容,加强信息公开与共享,让失信者寸步难行,促使被执行人自觉履行生效法律文书决定的义务。

对此,最高人民法院积极应对,并宣布要用两到三年时间基本解决"执行难"问题。随着执行制度的不断完善,中国法院执行工作成效显著。一是推动形成综合治理执行难工作格局。2016年3月,在全国法院部署"用两到三年时间基本解决执行难",制定工作纲要和实施方案,明确时间表、路线图。地方各级党政机关高度重视执行工作,普遍将解决执行难纳入法治建设重点工作,有效形成解决执行难工作合力。

二是有效破解查人找物和财产变现难题。最高人民法院与公安部、银监会等10多个单位建立网络执行查控系统,通过信息化、网络化、自动化手段查控被执行人及其财产。

三是不断健全执行管理体制机制。在浙江、广东、广西等地开展审判权和执行权相分离改革试点。建立执行指挥中心,推行执行案件全程信息化管理,四级法院执行指挥体系基本建成,执行管理模式发生重大变革。制定了财产保全等15个司法解释和规范执行行为"十个严禁"等33个指导性文件,对群众反映强烈的案件挂牌督办,切实解决消极执行、选择性执行等问题。

四是强力实施联合信用惩戒机制。认真落实中央深改组部署,完善失信被执行人信用监督、警示和惩戒机制,建立失信被执行人名单制度。联合国家发改委等60多个单位构建信用惩戒网络,形成多部门、多行业、多手段共同发力的信用惩戒体系。创新工作机制,江西法院建立"法媒银·失信被执行人曝光台",河北、山西、内蒙古、青海等地法院开展专项行动,有效执结大量案件。2013—2018年五年间,全国法院累计公开失信被执行人信息996.1万人次,限制1014.8万人次购买机票,限制391.2万人次乘坐动车和高铁,221.5万人慑于信用惩戒主动履行义务。加大对抗拒执行行为惩治力度,以拒不执行判决裁定罪判处罪犯9824人,"一处失信、处处受限"的信用惩戒格局初步形成,有力促进了社会诚信体系建设。[①]

4. 推进公益诉讼实践

探索建立检察机关提起公益诉讼制度是党的十八大确定的司法改革的内容之一。2015年5月,中央深改组第十二次会议通过《检察机关提起公益诉讼改革试点方案》,指出重点是对生态环境和资源保护、国有资产保护、国有土地使用权出让、食品药品安全等领域的案件提起公益诉讼,在13个省开展为期两年的试点。

2015年7月起在13个省区市860个检察院开展为期两年的试点。同年12月16日,最高人民检察院在《人民检察院提起公益诉讼试点工作实施办法》中规定,人民检察院履行职责中发现污染环境、食品药品安全领域侵害众多消费者合法权益等损害社会公共利益的行为,在没有适格主体或者适格主体不提起诉讼的情况下,可以向人民法院

---

① 周强:《最高人民法院工作报告——2018年3月9日在第十三届全国人民代表大会第一次会议上》。

提起民事公益诉讼；发现生态环境和资源保护、国有资产保护、国有土地使用权出让等领域负有监督管理职责的行政机关违法行使职权或者不作为，造成国家和社会公共利益受到侵害，公民、法人和其他社会组织由于没有直接利害关系，没有也无法提起诉讼的，可以向人民法院提起行政公益诉讼。并明确提出人民检察院履行提起公益诉讼的条件、适用范围和程序，明确公益诉讼的参加人、案件管辖、举证责任分配及试点地区等。试点期间，各级人民检察院办理公益诉讼案件9053件，覆盖生态环境和资源保护、国有资产保护、国有土地使用权出让、食品药品安全等所有授权领域。

最高人民法院则相应探索建立与检察机关提起的公益诉讼相衔接的案件管辖制度。2015年1月，最高人民法院发布《最高人民法院关于审理环境民事公益诉讼案件适用法律若干问题的解释》，规定符合条件的社会组织可提起环境民事公益诉讼，发挥法院职权作用等。2016年3月，最高人民法院印发《人民法院审理人民检察院提起公益诉讼案件试点工作实施办法》，在京、鲁、闽、粤、云、贵等13个省、直辖市、自治区试点，人民检察院认为被告有污染环境、破坏生态、在食品药品安全领域侵害众多消费者合法权益等损害社会公共利益的行为，在没有适格主体提起诉讼或者适格主体不提起诉讼的情况下，向中级人民法院提起民事公益诉讼。2016年5月，最高人民法院出台了《关于审理消费民事公益诉讼案件适用法律若干问题的解释》，其中规定了中国消费者协会以及在省、自治区、直辖市设立的消费者协会对经营者侵害众多不特定消费者合法权益或者具有危及消费者人身、财产安全危险等损害社会公共利益的行为提起的消费民事公益诉讼，以及法律规定或者全国人民代表大会及其常务委员会授权的机关和社会组织提起的消费民事公益诉讼。

2017年6月,全国人大常委会修改民事诉讼法和行政诉讼法,正式确立检察机关提起公益诉讼制度;2018年3月,与最高人民法院共同发布关于检察公益诉讼案件适用法律若干问题的解释,完善检察公益诉讼制度。2017年7月以来,检察机关办理公益诉讼案件10925件。这项改革两年间完整经历了顶层设计、法律授权、试点先行、立法保障、全面推开5个阶段,走出了一条具有中国特色的公益司法保护道路。①

5. 推进司法机关内设机构改革

内设机构改革着力于司法专业化等目标,主要有以下方面。

第一,设立清算与破产审判庭。2016年6月,最高人民法院印发《关于在中级人民法院设立清算与破产审判庭的工作方案》,要求首先在四个直辖市各一个中级人民法院以及河北等11个省的省会城市和副省级市中级人民法院设立清算与破产审判庭。其他中级人民法院是否设立清算与破产审判庭,由各省级高级人民法院会同省级机构编制部门,综合考虑经济社会发展水平、案件数量、审判力量、破产管理人数量等因素酌定。这是为贯彻落实中央关于推进供给侧结构性改革的决策部署和习近平总书记关于供给侧结构性改革的系列重要指示精神,健全公司强制清算与企业破产案件审判组织,提高审判专业化水平、高质快审,为实施市场化破产程序创造条件。

第二,推进知识产权审判"三合一"。2016年7月发布的《最高人民法院关于在全国法院推进知识产权民事、行政和刑事案件审判"三合一"工作的意见》,要求由知识产权审判庭统一审理知识产权民事、行政和刑事案件。这是人民法院贯彻落实党的十八届四中全会

---

① 曹建明:《最高人民检察院工作报告——2018年3月9日在第十三届全国人民代表大会第一次会议上》。

关于司法体制改革任务、落实国家知识产权战略和创新驱动发展战略的重要举措。其目的是要构建符合知识产权司法特点和规律的工作机制和审判体制，提高知识产权司法保护的整体效能。这有利于增强司法机关和行政机关执法合力，实现对知识产权的全方位救济；有利于统一司法标准、提高审判质量、合理调配审判力量、优化审判资源配置，完善知识产权司法保护、提高效益和效率；有利于知识产权专门审判队伍建设，提高知识产权审判队伍素质。

第三，内设机构扁平化改革。中央要求积极推进法院检察院内设机构改革，要求各级法院检察院将其作为司法责任制改革的重要配套措施，以县级基层法院检察院为重点，可在有条件的省、市法院检察院开展内设机构改革试点。改革要坚持扁平化管理和专业化建设相结合，统筹考虑内设机构改革和办案组织建设，不应再为司法人员争取行政职级而设置机构，原有机构也要减少，让业务骨干回归办案一线，避免科处长审批案件。与此同时，原有编制、领导职数及待遇不核减，这有利于解除内设机构改革的后顾之忧。

6. 深化多元化纠纷解决机制改革

最高人民法院推广四川"眉山经验"、山东"潍坊经验"、安徽"马鞍山经验"，强化诉调对接，充分发挥人民调解作用，引导当事人选择调解、仲裁等方式化解矛盾。联合司法部开展律师调解试点，完善律师调解制度。坚持合法自愿原则，五年来，各级法院通过调解方式处理案件1396.1万件。

2016年6月起实施的《最高人民法院关于人民法院进一步深化多元化纠纷解决机制改革的意见》提出以下要求：（1）完善资源整合，推进诉调对接、纠纷多发领域一站式纠纷解决、在线办案信息平台等平台建设，和解、调解、仲裁、公证、行政裁决、行政复议与诉讼等各种纠纷解决机制的联动衔接体系。(2) 健全特邀调解、法院专职调解员、律师调解、刑事和解、行政和解等制度建设，探索民商事纠纷中立评估机制、无争议事实记载机制、无异议调解方案认可机制。2016年6月，《最高人民法院关于人民法院特邀调解的规定》出台，特邀调解组织或者特邀调解员接受人民法院立案前委派或者立案后委托依法进行调解。(3) 完善程序安排，包括建立纠纷解决告知程序，鼓励当事人先行协商和解，建立健全调解前置、委派、委托调解、司法确认程序、繁简分流机制，推动调解与裁判适当分离，加强调解与督促程序的衔接。(4) 加强管理，纳入考核、建立奖惩机制。(5) 推动立法进程。推动本辖区因地制宜出台相关地方性法规、地方政府规章。(6) 推动多元化纠纷解决机制的国际化发展，进一步加强中国与其他国家和地区司法机构、仲裁机构、调解组织的交流和合作，提升中国纠纷解决机制的国际竞争力和公信力，不断满足中外当事人纠纷解决的多元需求，为国家"一带一路"等倡议的实施提供司法服务与保障。

2016年9月发布的《最高人民法院关于进一步推进案件繁简分流优化司法资源配置的若干意见》要求：完善多元化纠纷解决机制；推动综治组织、行政机关、人民调解组织、商事调解组织、行业调解组织、仲裁机构、公证机构等各类治理主体发挥预防与化解矛盾纠纷的作用；完善诉调对接工作平台建设，加强诉讼与非诉纠纷解决方式的有机衔接，促进诉前分流；完善刑事诉讼中的和解、调解机制；促进行政调解、行政和解，积极支持行政机关依法裁决同行政管理活动密切相关的民事纠纷。

7. 推进诉讼案件繁简分流

2016年9月发布的《最高人民法院关于进一步推进案件繁简分

流优化司法资源配置的若干意见》要求科学调配和高效运用审判资源，简案快审、繁案精审，要求地方各级人民法院依法制定简单案件与复杂案件的区分标准和分流规则，采取随机分案为主、指定分案为辅的方式，确保简单案件由人民法庭、速裁团队及时审理，系列性、群体性或关联性案件原则上由同一审判组织审理。(1) 积极引导民事案件当事人双方约定适用快速审判程序如简易程序、小额诉讼程序、督促程序等。(2) 创新刑事速裁工作机制，加强侦诉审程序的衔接配合。推广在看守所、执法办案单位等场所内建立速裁办公区，推动案件信息共享及案卷无纸化流转。(3) 简化行政案件审理程序。对于已经立案但不符合起诉条件的案件，经过阅卷、调查和询问当事人，认为不需要开庭审理的可径行裁定驳回起诉。对于事实清楚、权利义务关系明确、争议不大的案件，探索建立行政速裁工作机制。(4) 探索实行示范诉讼方式。选取系列性、群体性批量案件中的个别、少数案件先行示范诉讼，参照其裁判结果来处理其他同类案件。(5) 推行集中时间审理案件的做法。对于适用简易程序审理的民事案件、适用速裁程序或者简易程序审理的轻微刑事案件，实行集中立案、移送、排期、开庭、宣判，由同一审判组织在同一时段内对多个案件连续审理。(6) 开发利用科技司法，如推广电子支付令、远程视频开庭、庭审记录智能语音识别、推进建设智慧法院、诉讼档案电子化、电子卷宗移送等。此外，还要求促进当庭宣判、裁判文书繁简分流、完善二审案件衔接机制、推广专业化审判、审判辅助事务集中管理、发挥律师作用、完善多元化纠纷解决机制、引导当事人诚信理性诉讼等。

(三) 规范司法权运行

"一切有权力的人都容易滥用权力，这是万古不易的一条经验。

有权力的人使用权力一直到遇有界限的地方方才休止。"① 司法权作为现代国家的权力之一，显然也不例外，因此，要保证司法权不被滥用，要让人民群众在每一个司法案件中都感受到公平正义，司法权也必须得到监督和规范。为此，党的十八大报告提出要加强对司法活动的监督。党的十八届三中全会进一步提出健全司法权力分工负责、互相配合、互相制约机制，加强和规范对司法活动的法律监督和社会监督。

1. 完善司法责任制

为了追求一个公平正义的司法，党的十八大报告明确提出了实行办案质量终身负责制和错案责任倒查问责制，具体而言，司法责任制包括完善主审法官、合议庭、主任检察官、主办侦查员办案责任制，落实谁办案谁负责，让审理者裁判，由裁判者负责等主要内容，这些在党的十八届三中全会、四中全会的报告中都有类似的表述。

2015年8月，中央深改组第十五次会议通过《最高人民法院关于完善人民法院司法责任制的若干意见》《关于完善人民检察院司法责任制的若干意见》，强调完善司法责任制以科学的司法权力运行机制为前提，建立健全司法人员履职保障，依法履职受法律保护，落实司法人员在职责范围内对办案质量终身负责，建立司法责任认定、追究的机制和程序，明确了违法审判必须追责的7种情形和不得作为错案追责的8种情况，规定了对检察人员追责的19种情形。2016年7月，中央深改组第二十六次会议通过《关于建立法官、检察官惩戒制度的意见（试行）》，指出建立惩戒制度，对落实办案责任制，促进法官检察官依法行使职权，维护社会公平正义具有重大意义。

---

① ［法］孟德斯鸠：《论法的精神》（上册），张雁深译，商务印书馆1995年版，第154页。

进一步健全和完善司法责任制，不仅是本轮司法改革的四项基本任务之一，甚至被比喻为司法改革的"牛鼻子"。司法责任制的主体部分是对司法人员的权责内容和边界的清晰界定，对符合司法规律的责任追究规则的科学设置，对司法人员依法履职的切实有效保障。①完善司法责任制，有利于建立健全符合司法规律的审判权力运行机制、构建公正高效的检察权运行机制。

完善司法责任制的核心在于"让审理者裁判、由裁判者负责"两个方面。"让审理者裁判"是要建立权责明晰、权责统一、监督有序、制约有效的司法权力运行体系，即克服传统审判模式下判决生成过程中的层层审批和逐级把关，导致审者不判、判者不审、判审分离、权责不清、过错混同、责任不清的状况；"由裁判者负责"按照权责相统一的原则，明确主审法官、检察官、合议庭及其成员的办案责任与免责条件，实现评价机制、问责机制、惩戒机制、退出机制与保障机制的有效衔接，明确司法人员承担责任的前提必须是故意违法或者重大过失，对于不应追责的情形加强司法人员的履职和身份保障，对于存在过错的，严肃惩戒，坚决追究责任其相应责任。

2. 以审判为中心的诉讼制度改革

党的十八大提出推进以审判为中心的诉讼制度改革，其具体内容包括：确保侦查、审查起诉的案件事实证据经得起法律的检验。全面贯彻证据裁判规则，严格依法收集、固定、保存、审查、运用证据，完善证人、鉴定人出庭制度，保证庭审在查明事实、认定证据、保护诉权、公正裁判中发挥决定性作用。

2016年6月，中央深改组第二十五次会议审议通过《关于推进

---

① 王敏远：《破解司法责任制落实中的难点》，《人民法院报》2015年9月26日第2版。

以审判为中心的刑事诉讼制度改革的意见》，同年 7 月，最高人民法院、最高人民检察院、公安部、国家安全部、司法部实施该意见，重申公安、检察和法院三机关分工配合制约关系等重要规定和原则，指出还有 16 项制度需完善，7 项制度待建立，6 项制度需健全。意见要求建立健全证据收集指引；探索建立命案等重大案件检查、搜查、辨认、指认等过程录音录像制度；完善技术侦查证据的移送、审查、法庭调查和使用规则以及庭外核实程序等；探索建立重大案件侦查终结前对讯问合法性进行核查制度，对确有刑讯逼供、非法取证情形的，侦查机关应当及时排除非法证据，不得作为提请批准逮捕、移送审查起诉的根据等。意见指出要立足中国国情和司法实际，发挥审判特别是庭审在查明事实、认定证据、保护诉权、公正裁判中的重要作用。该意见还要求着眼于解决影响刑事司法公正的突出问题，在刑事诉讼各环节贯彻证据裁判，健全非法证据排除，落实证人、鉴定人出庭作证，完善法律援助，推进繁简分流，建立更符合司法规律的刑事诉讼制度。

以审判为中心的诉讼制度改革有助于实现诉讼证据质证在法庭、案件事实查明在法庭、诉辩意见发表在法庭、裁判理由形成在法庭，促使侦查、审查起诉活动始终围绕审判程序进行，通过法庭审判的程序公正实现案件裁判实体公正，防范冤假错案，促进司法公正。

3. 加强检察监督权的法律制度

检察机关监督权是健全司法权力分工负责、互相配合、互相制约机制的重要一环，也是党的十八大提出的加强对司法监督的重要举措。根据党的十八届四中全会精神，完善检察机关行使监督权的法律制度，要加强对刑事诉讼、民事诉讼、行政诉讼的法律监督，重点监督检察机关查办职务犯罪的立案、羁押、扣押冻结财物、起诉等环节的执法活动，具体而言从内部监督、侦查监督、执行监督、行政诉讼监督等方面予以加强。

第一，强化内部办案监督。2016年7月实施的最高人民检察院《人民检察院案件流程监控工作规定（试行）》提出，人民检察院的监控对象是检察院正在受理或者办理的案件程序性问题，重点对司法办案不规范、不及时、不完备等明显违反诉讼程序的行为，进行实时、动态的监督、提示、防控以及解决，涉及案件受理、强制措施、涉案财物、法律文书、办案期限、权利保障、信息公开、网上办案等方面存在的问题。如果发现实体上有问题，提醒办案部门或报告检察长进行监督。另外，还可在办结后组织质量评查，对实体和程序等内容进行深入分析，确认是否存在问题。这有利于加强对人民检察院办案工作的监督管理，进一步规范办案行为，促进公正、高效司法。

第二，加强侦查监督。加强侦查监督的主要内容是人民监督员的监督和逮捕条件的细化。一是示范人民监督员对自侦案件的监督。2016年7月，最高人民检察院公布四起人民监督员对检察机关直接受理立案侦查工作实施监督典型案例，包括应当立案而不立案情形；犯罪嫌疑人涉嫌行贿拟撤销案件情形；对于犯罪嫌疑人不服逮捕决定情形；陈某涉嫌单位行贿拟不起诉案等。这些案件有的通过司法局在"人民监督员随机抽选系统"中抽选出参加监督评议的人民监督员，还有《深化人民监督员制度改革方案》规定复议程序以来全国范围内两个复议案例之一，历经了完整的人民监督员监督程序，是对监督复议程序的探索。这些案件中的人民监督员监督取得了较好的法律效果和社会效果。二是细化逮捕社会危险性条件。2016年10月起实施的《最高人民检察院、公安部关于逮捕社会危险性条件若干问题的规定（试行）》，明确逮捕社会危险性证明责任由公安机关承担，检察院依据在案证据不能认定犯罪嫌疑人符合逮捕社会危险性条件的,可要求公安机关补充相关证据,公安机关没有补充移送的,应当做出不批准逮捕的决定。明确了具体的社会危险性情形,包括犯罪嫌疑人可能实施新的犯罪的7种情形,有危害国家安全、公共安全或者社会秩序的现实危险的4种情形,可能毁灭、伪造证据,干扰证人作证或者串供的4种情形,可能对被害人、举报人、控告人实施打击报复的4种情形,企图自杀或者逃跑的5种情形,等等。这有利于减少审前羁押。

第三,加强刑事执行监督。加强刑事执行监督从强制医疗执行监督和财产刑执行监督两个方面开展。一是加强强制医疗执行监督。2016年6月《人民检察院强制医疗执行检察办法(试行)》实施,要求人民检察院对人民法院、公安机关的交付执行活动的合法性、对强制医疗机构的收治、医疗、监管等活动合法性、对公安机关在强制医疗机构内对涉案精神病人采取临时保护性约束措施的合法性进行监督,对强制医疗执行活动中发生的职务犯罪案件进行侦查,受理被强制医疗人及其法定代理人、近亲属的控告、举报和申诉等。这有利于维护被强制医疗人的合法权利,保障强制医疗执行活动依法进行。二是加强财产刑执行监督。2016年8月《关于全国检察机关开展财产刑执行专项检察活动的通知》决定于2016年8月至12月在全国开展刑事财产执行专项检察活动,对象是2013年1月1日至2016年6月30日人民法院刑事裁判确定的所有涉财产部分执行案件,重点对象是刑事财产尚未执行完毕的职务犯罪、金融犯罪、涉黑犯罪、破坏环境资源犯罪、危害食品药品安全犯罪这五类犯罪。针对罚金刑、没收财产刑、没收违法所得、责令退赔、没收供犯罪所用本人财物的执行,要求核查清理案件底数,改进刑事财产执行工作。对于依法应当移送执行而未移送的案件,应当协调刑事审判部门及时移送立案执行。对于已经进入执行程序尚未执行完毕的案件，应当加大执行力度，尽快依法执结。

第四，加强行政诉讼监督。2016年4月最高人民检察院《人民检察院行政诉讼监督规则（试行）》实施，规定当事人可向人民检察院申请监督的4种情形、检察院不予受理的8种情形、检察院依职权监督的3种情形，明确提出再审检察建议和提请抗诉、抗诉的11种情形，并规定对审判程序中审判人员12种违法行为情形与对16种违法执行活动的检察建议。将认定事实的主要证据不足，适用法律、法规确有错误，违反法律规定的诉讼程序，可能影响公正审判的规定细化为17种具体情形。这一规定有利于监督人民法院依法审判和执行，促进行政机关依法行使职权，维护司法公正和司法权威。2016年5月，最高人民检察院发布十件行政诉讼监督典型案例，引导加强对行政诉讼的监督。

4. 完善人民陪审员制度

人民陪审制是中国特色的审判制度之一，其有助于拓宽人民群众有序参与司法渠道，提高司法的民主性和透明度。党的十八届四中全会提出完善人民陪审员制度，保障公民陪审权利，扩大参审范围，完善随机抽选方式，提高人民陪审制度公信度。逐步实行人民陪审员不再审理法律适用问题，只参与审理事实认定问题。

针对长期以来存在人民陪审员"陪而不审""审而不议"现象，本次司法改革提出在司法调解、司法听证、涉诉信访等司法活动中保障人民群众参与，保障公民陪审权利，扩大参审范围，提高人民陪审制公信力。2015年4月，中央深改组第十一次会议通过《人民陪审员制度改革试点方案》，指出人民陪审员制度是社会主义民主政治的重要内容，提出对陪审制重要环节开展试点。同年5月，最高人民法院、司法部印发《人民陪审员制度改革试点工作实施办法》，规定可能判处十年以上徒刑的刑事案件以及涉及拆迁、环保、食品药品安全的重大案件等三类案件原则上应当实行陪审。该办法将陪审员年龄提高到28周岁，学历条件放宽为高中以上文化；要求基层法院人民陪审员名额不低于本院法官员额数3倍或者5倍以上；人民陪审员选任工作每五年进行一次；陪审员就案件事实认定问题独立发表意见并进行表决，但不再参与表决案件的法律适用问题。

2016年10月发布的《最高人民法院关于人民陪审员制度改革试点情况的中期报告》指出试点工作取得阶段性成效，呈现"四个转变"：一是陪审员选任方式主要由组织推荐产生向随机抽选转变；二是陪审员参审职权由全面参审向只参与审理事实问题转变，北京、河北、河南等地试点法院制定了关于事实审与法律审分离的陪审操作规程；三是陪审员参审方式由3人合议庭模式向5人以上大合议庭陪审机制转变；四是陪审员审理案件由注重案件数量向关注质量转变。陪审员平均年龄45岁，总数为法官员额数的4.3倍。

5. 构建阳光司法，以公开促公正

阳光是最好的防腐剂。党的十八大提出的"构建开放、动态、透明、便民的阳光司法机制"是实现司法公正的必然要求。党的十八届四中全会提出司法公开包括推进审判公开、检务公开、警务公开、狱务公开，并提出依法及时公开执法司法依据、程序、流程、结果和生效法律文书，杜绝暗箱操作，加强法律文书释法说理，建立生效法律文书统一上网和公开查询制度等内容。

近年来，中国司法不断拓宽公开渠道，打造公开平台，升级公开系统，完善公开制度，不断提高司法公开的水平和质效。

在审判公开方面，最高人民法院出台了《最高人民法院关于进一步深化司法公开的意见》等多部关于推进司法公开、规范司法公开工作的规范性文件，把司法公开提升到加强对权力运行的制约，保障人民群众知情权、参与权、表达权和监督权，以及弘扬社会主义核心价值观，促进增强全民法治意识的高度。

党的十八大以来，最高人民法院先后建成裁判文书、审判流程、执行信息和庭审公开四大司法公开平台。中国裁判文书网已经成为全球最大的裁判文书网站，截至2018年12月31日，网站共公布全国各级法院生效裁判文书6100余万篇，访问量超过212亿次，搜索功能逐步改善，访客来自全球210多个国家和地区。中国裁判文书网公布的文书不仅涉及刑事、民事、行政、执行和赔偿五大类案件，而且还公布了蒙古语、藏语、维吾尔语、朝鲜语及哈萨克语五种少数民族语言的裁判文书，公布文书类型广泛，语言多样。中国庭审直播网开设了庭审直播、庭审预告、直播回顾、庭审录播、重大案件、热点排行、法院导航、数据公开等栏目满足当事人和公众对观看庭审视频不同层次的需求。截至2018年12月20日，通过该网站已经公开了220余万件案件的庭审直播和录像，全国各网站累计访问135亿余次。向当事人公开执行相关信息有助于实现当事人的知情权，也有助于将执行工作展现在阳光之下，减少暗箱操作和权力寻租，同时加强执行的威慑力。中国执行信息公开网开通以来，上网信息不断丰富，目前，该网能够查询全国法院执行案件信息、被执行人信息、限制消费信息、终本案件信息、执行法律文书、公告、执行指南等信息，并将失信被执行人、限制消费人、执行公开在主页滚动播出，增强了执行公开的威慑力。截至2018年12月31日，中国执行信息公开网累计公布执行案件3598万余件、被执行人信息5189万余条、失信被执行人信息992万余条。审判流程信息公开网是最高人民法院近年来着力打造的一个司法公开统一平台。目前，该网已经实现对全国各级法院的完全覆盖，当事人通过该网能够联系最高法院法官、签收文书、查询全国法院范围内案件的流程进展信息等。此外，社会公众还能够通过该网查询全国大部分法院的机构设置、公开指南、法官名录、开庭公开、名册信息、诉讼指南等信息，提出意见建议，成为司法公开的又一亮点和名片。

在检务公开方面，最高人民检察院在全国统一部署检察院案件信息公开网，深化以案件信息公开为核心的检务公开。[①] 2015 年 2 月，《最高人民检察院关于全面推进检务公开工作的意见》正式颁布，该意见提出了推进检务公开的总体要求，"要以加强办案过程中的信息公开为重点，进一步拓展检务公开范围，丰富检务公开形式，健全检务公开机制，强化检务公开保障，提升检务公开效果，着力推动检务公开工作从侧重宣传的一般事务性公开向案件信息公开转变，从司法依据和结果的静态公开向办案过程的动态公开转变，从单向宣告的公开向双向互动的公开转变，更好地保障人民群众对检察工作的知情权、参与权、表达权和监督权，不断提升检察机关亲和力、公信力和人民群众满意度。"[②] 该意见还进一步明确了检务公开的内容、检务公开的方式和方法，并制定了强化检务公开机制建设和工作落实要求。

此外，《最高人民检察院关于实行检察官以案释法制度的规定（试行）》明确规定，检察官向当事人及诉讼参与人释法说理，同时对可能引发上访或者群体事件的案件等 6 种案件，可以向社会公众以

[①] 参见王治国、戴佳《检察机关依法保障律师执业权利》，《检察日报》2015 年 8 月 19 日，第 1 版。

[②] 《最高人民检察院关于全面推进检务公开工作的意见》。

案释法。

6. 推进信息化建设，建设智慧司法

党的十八大报告指出，提高社会管理科学化水平，必须加强社会管理法律、体制机制、能力、人才队伍和信息化建设。党的十九大贯彻并发展了党的十八大关于信息化的论述，在不同领域的多项任务中都提及信息化建设的重要性。司法信息化建设是确保司法公开透明、公正高效的强有力手段，是推进司法为民的重要途径，也是让人民群众在每一个司法案件中感受到公平正义的重要保障。

2016年，"智慧法院"建设纳入国家信息化发展战略和规划，并在各级法院积极响应、开拓创新的实践中取得显著成效，法院专网全覆盖为全业务网上办理奠定了坚实基础，司法公开和诉讼服务平台建设加速推进全流程审判执行要素依法公开，面向法官、诉讼参与人、社会公众和政务部门提供智能化服务初见成效，信息化使人民法院工作呈现出服务便捷化、审判智能化、执行高效率、公开常态化、管理科学化、决策精准化等趋势和特征。在全国各级法院的共同努力下，人民法院信息化3.0版的主体框架已经确立，智慧法院的全业务网上办理基本格局已经形成，全流程依法公开基本实现，全方位智能服务的方向已经明确并展现广阔前景，先进信息技术推动法院审判执行方式发生了全局性变革，有力促进了审判体系和审判能力现代化。

党的十八大后，最高人民检察院印发《关于深化智慧检务建设的意见》，明确了2020年底前、2025年底前的智慧检务发展规划。《全国检察机关智慧检务行动指南（2018—2020年）》对2020年底前全面构建新时代智慧检务生态提出了路线图。

近年来，司法部研究部署"数字法治、智慧司法"建设等网络安全和信息化工作，要求以融合为主题，最大限度整合资源，通过信息化手段优化资源配置，创新政务服务、法律服务模式，让人民群众在共享科技信息化发展成果上有更多获得感幸福感安全感。

（四）司法保障人权

尊重和保障人权是司法追求的基本价值之一，加强人权司法保障、加强对司法活动的监督被写入党的十八大报告。党的十八届三中全会和四中全会都把完善司法人权保障制度作为司法改革的一个重要方面，并从以下几个方面进行改革。

1. 废除劳教制度

劳动教养是一种非经司法审判程序而较长时间限制人身自由的行政处罚措施。随着国家民主、法治、人权事业的不断发展进步，劳动教养制度越来越被人诟病。[①] 党的十八届三中全会《中共中央关于全面深化改革若干重大问题的决定》明确提出，废止劳动教养制度。2013年12月28日，第十二届全国人民代表大会常务委员会第六次会议通过《关于废止有关劳动教养法律规定的决定》，标志着实行了半个多世纪的劳动教养制度寿终正寝。废止劳动教养制度，受到社会各界普遍认可，是中国人权司法保障的重大进步。这一制度废除后，全国劳动教养场所全部摘牌转型，转为强制隔离戒毒场所、轻刑犯教育矫治和矫正场所。

2. 落实诉讼终结和涉诉信访机制改革

党的十八届四中全会提出实行诉访分离，保障当事人依法行使申诉权利。对不服司法机关生效裁判、决定的申诉，逐步实行由律师代理制度。对聘不起律师的申诉人，纳入法律援助范围。

[①] 黄文艺：《中国司法改革基本理路解析》，《法制与社会发展》2017年第2期。

涉诉信访占信访比例很大，对社会秩序和社会稳定产生严重的影响。为了在法治框架内解决矛盾纠纷，2014 年 3 月，中办、国办印发《关于依法处理涉法涉诉信访问题的意见》，提出了改革涉法涉诉信访工作机制、依法处理涉法涉诉信访问题的总体思路，即改变经常性集中交办、过分依靠行政推动、通过信访启动法律程序的工作方式，把解决涉法涉诉信访问题纳入法制轨道，由政法机关依法按程序处理，依法纠正执法差错，依法保障合法权益，依法维护公正结论，保护合法信访、制止违法闹访，努力实现案结事了、息诉息访，实现维护人民群众合法权益与维护司法权威的统一。该意见提出的具体改革措施有：建立诉讼与信访分离制度、建立涉法涉诉信访事项导入司法程序机制、严格落实依法按程序办理制度、建立涉法涉诉信访依法终结制度、健全国家司法救助制度、完善领导体制机制等，希望以此畅通信访渠道，提高司法公信力。为拓宽受理渠道，实现归口办理，最高人民法院还制定下发了《关于进一步推进涉诉信访工作机制改革的若干意见》，要求人民法院通过信访大厅接待来访、受理申诉来信、网络办理信访三种渠道保证当事人信访申诉畅通无阻。2016 年 6 月，最高人民法院印发了《关于人民法院办理执行信访案件若干问题的意见》，以贯彻落实中央关于涉诉信访纳入法治轨道解决、实行诉访分离以及建立健全信访终结制度的指导精神；对执行信访案件交办督办、实行诉访分离以及信访终结等若干问题，提出明确意见。

与此相关，2015 年 11 月中央政法委公布了《关于建立律师参与化解和代理涉法涉诉信访案件制度的意见（试行）》，明确提出要充分发挥法律服务队伍在维护群众合法权益、化解矛盾纠纷、促进社会和谐稳定中的积极作用，深入推进涉法涉诉信访改革。这项改革一方面有助于维护涉法涉诉当事人的合法权益；另一方面有助于化解社会矛盾，有助于切实解决以往常见的"信访不信法"问题，使司法真正成为社会公平正义的最后一道防线。

3. 加强对弱势群体的司法保护

本轮司法改革着力加强对弱势群体中的未成年人、女性、残障人士等的司法保护，主要体现在以下两个方面。

第一，检察机关加强未成年人司法保护。2015年5月，最高人民检察院出台《检察机关加强未成年人司法保护八项措施》。一是对涉嫌犯罪的未成年人，落实专业化办理、法律援助、合适成年人、社会调查、亲情会见、附条件不起诉、社会观护、帮扶教育、犯罪记录封存等特殊程序规定，帮助涉罪未成年人回归社会。二是加强对未成年受害人的刑事司法保护，适用更能体现未成年人心理特点的特殊程序，依法对其进行救助，保护其名誉权、隐私权等合法权利。三是检察机关将农村留守儿童、城乡流动乞讨儿童、正在服刑人员的子女等作为重点未成年人群体，通过检察建议的方式推动有关部门加强保护。2016年3月实施《最高人民检察院关于加强未成年人检察工作专业化建设的意见》，指出未成年人检察部门（以下简称未检部门）实行"捕、诉、监、防"一体化工作模式，要求各省级人民检察院在2016年年底前成立独立的未检专门机构，推动地市级人民检察院和未成年人案件较多的基层人民检察院设立独立的未检机构。明确未成年人检察不以实现惩罚、定罪量刑和定分止争为最终目标，而是探究问题成因，进行必要干预，改善其心理状况、家庭教养和社会环境，帮助陷入困境的未成年人重返社会，以保护其权益、预防再犯、帮教为出发点、着力点和落脚点，承担着帮扶教育、预防犯罪等社会职能。要据此建立未检专门评价机制，合理设置未检专门机构、检察官员额比例和权力清单。

第二，司法机关公布典型案例，加强对未成年人、妇女儿童、残障人士等几类弱势群体的司法保护。最高人民检察院公布典型案例从对涉罪或被害未成年人的保护、对侵害未成年人犯罪的严惩三个方面加强对未成年人的司法保护；最高人民法院则通过公布示范严惩侵犯妇女儿童权益的违法犯罪案例和残障人士司法保护典型案例来加强对两者的司法保护。

4. 规范羁押必要性审查

2016年1月实施的最高人民检察院《人民检察院办理羁押必要性审查案件规定（试行）》要求，检察院刑事执行检察部门可采取公开审查办案方式，根据被逮捕犯罪嫌疑人、被告人涉嫌犯罪事实、主观恶性、悔罪表现、身体状况、案件进展情况、可能判处的刑罚和有无再危害社会的危险等因素，可设置加、减分项目、否决项目等具体标准，采取量化方式作为综合评估羁押必要性的参考。该规定列举了16种应当或者可释放或者变更强制措施的情形，并要求将审查意见书面及时告知申请人。对不需要继续羁押的，建议办案机关予以释放或者变更强制措施。这对维护被逮捕犯罪嫌疑人、被告人的合法权益有重要意义。

5. 完善法律援助制度

法律援助有利于维护当事人的合法权益、维护法律的正确实施、维护社会公平正义，有效化解社会矛盾，维护和谐稳定。

中央深改组第十二次会议通过《关于完善法律援助制度的意见》，指出法律援助工作是一项重要的民生工程。一是在刑事案件中，要求为更多的当事人提供法律援助，在刑事申诉案件、速裁程序中开展试点，建立参与刑事和解、死刑复核案件办理工作机制，建立值班律师制度，建立健全通知辩护机制。二是在民事行政案件中，要求扩大法律援助覆盖面，逐步纳入劳动保障、婚姻家庭、食品药品、教育医疗等与民生紧密相关的事项，逐步放宽经济困难标准至低收入群体，探索建立法律援助参与申诉案件代理制度。三是要求重点做好农民工、下岗失业人员、妇女、未成年人、老年人、残疾人和军人军属等群体法律援助工作。四是要求实现法律援助咨询服务全覆盖。

6. 保障当事人诉权，实行立案登记制

党的十八届四中全会提出改革法院案件受理制度，变立案审查制为立案登记制，对人民法院依法应该受理的案件，做到有案必立、有诉必理，保障当事人诉权。同时，加大对虚假诉讼、恶意诉讼、无理缠诉行为的惩治力度。

2015年4月，中央深改组第十一次会议审议并通过《关于人民法院推行立案登记制改革的意见》，将法院案件受理制度由"立案审查制"改为"立案登记制"，同时加大对虚假诉讼、恶意诉讼等的惩治力度。同月，《最高人民法院关于人民法院登记立案若干问题的规定》要求禁止不接收诉状、接收诉状后不出具书面凭证、既不立案又不做出裁定或者决定等违法违纪情形。

在实行立案登记制的同时强调建立配套制度。其一是健全多元化纠纷解决机制，进一步完善调解、仲裁、行政裁决、行政复议、诉讼等多元化纠纷解决机制。其二是建立完善庭前准备程序，促进纠纷通过调解、和解、速裁和判决等方式高效解决。

实行立案登记制后，当事人的起诉权得到充分保障，不予立案、控制立案的现象得以杜绝，"立案难"得到彻底扭转。立案登记制出台的2015年，全国法院受理案件1952.7万件，新收、审执结案件同比增幅均创新高，其中受理案件数量上升24.68%。2016年全国法院共受理案件2305.6万件，同比增长18.07%，当场登记立案率达到

95%。然而，立案登记制同时也造成法院案件数量增长迅猛，一些当事人滥用诉权，一些不符合诉讼法规定、不应由法院受理的案件也大量涌向法院，司法资源进一步紧张。

◇ 四 司法改革展望

截至目前，中国本轮司法改革的各项措施已经全面铺开和落地实施，今后，司法改革将更加侧重司法改革各项措施的落实与督查。对于未来，中国的司法改革步伐仍将继续前行，司法改革将在深度、广度和制度化上进一步发展。

（一）巩固改革成果

为了使得司法活动更加符合司法规律，本轮司法改革的一些举措，在原有的法律、法规的基础上进行了大胆突破，例如，在去除司法地方化的举措上，本次改革将司法机关人财物统一交由省级层面管理，这与中国《宪法》《人民法院组织法》《人民检察院组织法》等基本法的相关规定冲突。在"员额制"改革过程中设立的法官、检察官遴选委员会，为加强司法人员职业保障、落实司法责任制所设立法官、检察官惩戒委员会在原有的法律中都没有规定。改革中一些好的做法及经验，也应当通过立法或者修法形式固定下来，如目前保障法院、检察院独立行使司法权，加强司法人员履职保障的措施只是在中办、国办的文件予以规定。

目前，《人民法院组织法》《人民检察院组织法》已经修改完成，《法官法》《检察官法》的修改也在紧锣密鼓进行之中。今后，应当遵循党的十八大及十八届四中全会确定的司法体制改革的方向和路径，注意充分吸收本轮司法改革的成果，将司改成果中较为成熟的内容，以修法的形式固定下来。例如，《保护司法人员依法履行法定职责规定》等文件中有关法官履职保障、安全保障有突破性意义的法条；将本次司法改革中已经取得共识，并且在实践中逐步推开的重要内容，如法官员额制、法官遴选委员会、法官单独职务序列及工资制度、法官惩戒委员会等，通过修订法律确定下来。一些基本法律制度的冲突，也可以在宪法层面上加以讨论和修改。例如，将地方人大及其常委会任免法院院长、检察院检察长改为由省级人大常委会决定，将两院报告的票决制改为不符合任职条件的罢免制。同时，《公务员法》也应做相关修改，将法官、检察官从公务员队伍中分离，使其脱离行政部门管理。①

（二）细化落实改革举措

司法改革过程中虽然出台了一系列法律、政策、文件和规定，但是很多司法改革的措施仍有待于进一步落实和细化。

一是一些制度虽然做出原则性规定，但是具体的操作办法和实施保障仍未制定。这就要求下一步制定保障措施，将改革措施落到实处。

二是虽然改革措施已经出台，但是还需要后续配套制度的出台和保障。例如，目前，司法人员员额制虽然已经改革到位，全国范围内员额法官、检察官已经遴选完成，但是还需要进一步出台配套机制解

---

① 陈卫东、郑博：《司法改革：问题与展望》，载李林、田禾主编《法治蓝皮书：中国法治发展报告 No.13（2015）》，社会科学文献出版社 2015 年版。

决以下问题：（1）员额外法官、检察官的过渡机制，员额外司法人员如何转岗，转岗后从事什么工作，今后的职业发展规划；（2）员额法官、检察官的责任范围和退出机制；（3）员额法官的遴选机制，如何实现从法官助理、律师或者法律学者中遴选法官的常态化机制；（4）司法辅助人员的配备，员额制改革后案多人少矛盾愈发突出，亟待补充大量高素质的法官助理、检察官助理和书记员等司法辅助人员，但目前招录司法辅助人员的路径和措施尚在探索，司法辅助人员的培养机制和职业发展前景更是很不明确。

司法改革不可能一劳永逸，党的十八大以来的新一轮司法改革在促进司法权独立行使、使司法权的运行更加符合司法规律、努力实现公平正义方面有了长足的进步，在改革中出现的一些问题和挑战，还需要通过不断深化改革，构建保障司法权力独立行使的司法环境，完善法律法规，落实改革责任逐步加以解决。党的十九大报告中提出要深化司法体制综合配套改革，全面落实司法责任制，努力让人民群众在每一个司法案件中感受到公平正义，这对司法改革提出了新的期待和要求，为整个司法指明了发展方向。今后，中国的司法有望距离实现公平、透明、高效和廉洁的目标更进一步。

第四章

民商法治：筑权利保障基石

◇一　中国民商法治概况

中国的民法体系主要调整两大类基本社会关系：人身关系和财产关系，它调整的领域主要是婚姻家庭领域和市场领域。新中国颁布的第一部法律就是1950年的《婚姻法》，它确认了中国社会最成功的革命——家庭革命的成果。1985年，《继承法》颁布。这种立法格局使身份关系法游离于民法之外，也使中国民法的发展重点集中在财产法上。1986年的《民法通则》第一次唤醒了泱泱大国的现代权利观念，也使平等、自由等法治基因根植人心，具有划时代意义。1992年市场经济体制确立后，中国的改革可大致概括为国家与市场的拉锯过程，整体趋势是国家权力从市场逐渐撤离，但至今距离国家管制与市场自治的平衡还有一段距离。中国民法发展的基本脉络也是逐步建立和完善市场经济法律规则，其基本精神是保障财产权和弘扬私法自治。

20世纪90年代开始，中国不断完善民事法律体系，目前，中国民商法律体系已基本建成，颁布的民商法律已有34部。在财产关系领域，《担保法》《土地承包法》《合同法》《物权法》和《侵权责任法》等法律出台，市场经济领域的民事法律已经齐全；在人身关系领域，《婚姻法》和《收养法》被修订，司法解释和一些涉及婚姻家庭关系、人格权的法律规范也使这一领域的规则更为完善。党的十八届四中全会提出"编纂民法典"。2015年开始，中国就启动了《民法总则》的编纂，更具有里程碑意义的是，2017年，民法典编纂的奠基之作——《民法总则》颁行。这预示着中国民法典迈出了最为重要的一步，中国即将拥有自己的民法典，中国的"民法典梦"也即将成真。

市场经济就是法治经济。市场经济的发展需要商事法治的保障，特别是在保护产权、维护契约、统一市场、平等交换、公平竞争、有效监管等方面必须完善商法制度构成。没有完善的商事法治体系，就没有市场经济的有效发展。

回顾西方国家商法发展的历史可以看出，商法的发达与繁荣对于经济的发展具有至关重要的影响。在中世纪地中海沿岸城市，恰恰是有了较为完善的商事法律制度，才促进了海洋贸易的发展和商事交易的繁荣。在君主国统治时期，各个海洋贸易强国的商业强盛也离不开商事法律制度的完善发展。随着工业革命的发展，欧洲各国的商法进一步法典化，商法规则得以进一步完善，特别是公司、破产、保险、票据等法律制度的发达，为商业贸易的发展和工业化生产的推进提供了有力的保障，促进了这些国家经济的发展。在20世纪，随着技术的进步和科技的创新，各类新型的商事交易和商事主体大量出现，商法的体系和制度也得以进一步丰富发展。美国在这方面更是领先世界潮流，其发达的公司法、证券法、破产法等法律制度支撑了美国经济的快速发展，在全世界范围内美国的商法制度也产生了广泛的影响力。可以说，市场经济的发展离不开商事法治的保障。商法本身具有一定的国际性和趋同性，经济发达国家和地区的商事法治往往具有领先地位，对其他国家和地区往往也会产生重要的影响。

中国商法发展的历程并不长。在清朝末年和民国初年，尝试引入了西方意义上的商事法律制度，制定了公司法、保险法、破产法、票据法等基本的商事法律，引进了商法的术语体系和制度结构，使得西方意义上的商法制度得以扎根、商法观念得以生长。在民国时期，商事法律制度得以进一步完善，公司法、破产法、保险法、票据法等制度已经臻于成熟。新中国成立之后，随着六法全书的废除，原有的商事立法基本上被废弃。改革开放以来，随着计划经济体制向市场经济体制的逐步转型以及改革开放的实践需要，中国重新建构起相对完善的商事法律制度体系。从早期的制度探索，到20世纪90年代以来分别制定公司法、保险法、破产法、票据法、证券法、海商法、信托法、合伙企业法等商事单行法律，基本上形成了较为完善的商事法律体系，确立了符合市场经济发展需要的商事制度体系。商事法律体系的发展对于中国市场经济的发展、改革开放的推进具有重要的保障作用。商事法律体系的确立为规范商主体的各类商行为提供了规范基础，使得各类营业活动的合法性能够得到确认，各类商事法律争议都能得到及时的解决。这是改革开放四十年来中国经济社会发展取得成功的重要制度基础。

◇二 人身关系法治

1949年后，《婚姻法》是中国民事法治中最先制定的法律。自20世纪50年代以来，中国的《婚姻法》就确立了婚姻自由、男女平等、一夫一妻等理念，实施效果良好。1980 年的《婚姻法》再次重申了这些理念。1998 年，为回应社会发展对婚姻的影响，中国修改了《婚姻法》。修改的重点包括：其一，明确了婚姻无效和可撤销的情形，包括重婚的；其二，完善了夫妻财产制度；其三，完善了离婚制度的规定，较为详细地列举了离婚的法定理由。

在司法解释方面，最高法院一共发布了三个有重要影响的司法解释。《关于适用〈中华人民共和国婚姻法〉若干问题的解释（一）》（2001）是《婚姻法》实施 20 年后进行的首次系统性裁判经验总结，集中解释案件审理中的主要法律适用问题。2003 年，最高法院发布《关于适用〈中华人民共和国婚姻法〉若干问题的解释（二）》，它立足于家事审判中更具代表性的法律争议，也尝试回应社会变迁给法律适用带来的新挑战，进一步明确了婚姻的无效、夫妻共同财产认定、离婚时的财产分割和债务处理等问题。《关于适用〈中华人民共和国婚姻法〉若干问题的解释（三）》（2011）规定了亲子鉴定问题、生育权问题、婚内借款或财产分割、夫妻或父母购买不动产的权属认定问题等。值得一提的是其第 7 条规定，婚后由一方父母出资为子女购买的不动产，产权登记在出资人子女名下的，可视为只对自己子女一方的赠与，该不动产应认定为夫妻一方的个人财产；由双方父母出资购买的不动产，产权登记在一方子女名下的，该不动产可认定为双方按照各自父母的出资份额按份共有，但当事人另有约定的除外。这一规定引起了沸沸扬扬的争议，其中一个反对理由是，这一规定违反了中国人的婚姻家庭观念："人伦亲情比一纸协议更可靠，几千年来形成的天经地义的东西比法律更长久。"[①]

---

① 赵晓力：《反哺模式与婚姻法》，《法制日报》2011 年 8 月 20 日第 7 版。

◇ 三　民事财产法治

（一）合同

中国《合同法》一个重要理念是鼓励交易。立法者认为，对国家、社会和合同主体而言，成功的交易越多越有利。国家可以借此增加其财政税收；财货因为合同得到了充分流转，资源实现了其最充分的运用；合同主体也可以通过合同获取利益。《合同法》的出发点就是鼓励交易，即鼓励当事人尽可能多地订立合同，并使合同得以生效和全面履行。鼓励交易体现在很多法律制度和规则上，如合同的成立可以采取书面形式、口头形式和行为形式（通过行为成立合同）；尽量限制无效和可撤销合同的范围；限制合同解除的适用范围等。

在《合同法》施行的当年，最高人民法院就发布了《关于适用〈中华人民共和国合同法〉若干问题的解释（一）》。不仅涉及《合同法》溯及力等法律适用问题，而且包括对具体规则尤其是新规则的解释，如债权人的代位权和撤销权。此后，最高人民法院陆续发布了具体合同领域的司法解释，如《关于审理商品房买卖合同纠纷案件适用法律若干问题的解释》（2003）、《关于审理建设工程施工合同纠纷案件适用法律问题的解释》（2004）、《关于审理技术合同纠纷案件适用法律若干问题的解释》（2004）、《关于审理涉及国有土地使用权合同纠纷案件适用法律问题的解释》（2005）、《关于审理城镇房屋租赁合同纠纷案件具体应用法律若干问题的解释》（2009）、《关于审理买卖合同纠纷案件适用法律问题的解释》（2012）等。最高人民法院的司法解释不仅完善了合同规则，而且还结合社会、经济的发展，巧妙地回避了某些不合理的行政管制对经济生活的影响，扩大了契约自由的适用范围。最典型的例子是 2015 年。它从司法审判角度将民间借贷予以一定程度的合法化，并间接确认了中国非正式金融的部分合法性。基于各种社会政策的考虑，它对民间借贷利息采取了"二线三区"（年利率 24% 和 36%）的客观主义调整方法。它在一定程度上纾解了中国改革开放以来就存在的两大痼疾——居民储蓄高，投资无门；中小企业融资难、融资成本高。

（二）土地承包

农村土地承包可谓中国农村最重要的问题之一，尽管中国宪法和其他法律都规定了农村土地承包制度，但一直缺乏详细的法律规范予以调整。在实践中，农民的土地承包权无法得到有效保护，甚至被任意侵犯的情形并不鲜见。为解决这一难题，中国 2002 年颁布了《农村土地承包法》。它以法律形式赋予农民长期而有保障的农村土地承包经营权，对土地承包的诸多细节问题做了规定，体现了党的十五届三中全会决定精神。它对切实保护农民的合法权益，进一步调动农民的积极性，促进农业和农村经济发展，维护农村社会稳定，具有重大的现实意义和深远的历史意义。[①]《土地承包法》第 4 条第 1 款明确规定，国家依法保护农村土地承包关系的长期稳定。第 20 条规定，耕地的承包期为三十年，草地的承包期为三十年至五十年，林地的承包期为三十年至七十年；特殊林木的林地承包期，经国务院林业行政主管部门批

---

① 《依法保障土地承包当事人的合法权益　保持党在农村基本政策的长期稳定——农业部副部长刘坚就农村土地承包法有关问题答本刊记者问》，《农村工作通讯》2002 年第 1 期。

准可以延长。同时,针对农村土地承包中侵害妇女权利的违法现象,其第 6 条专门规定,农村土地承包,妇女与男子享有平等的权利。承包中应当保护妇女的合法权益,任何组织和个人不得剥夺、侵害妇女应当享有的土地承包经营权。为了确保农村的土地承包经营权,它还明确规定了发包方和承包方的权利和义务,明确了承包方自承包合同生效时取得土地承包经营权;承包期内,发包方不得收回承包地,也不得调整承包地。但是,《土地承包法》并没有明确农民的土地承包经营权的性质到底是一种物权还是一种债权,这一问题被其后的《物权法》解决。

(三) 物权

《物权法》的出台是 2007 年民事法治最具标志性的事件。在其颁行过程中,社会各界产生了极大的争议,甚至有人上书中央,认为草案违宪。尽管"有恒产者有恒心""仓廪实而知礼节"之类的观念已深入人心,产权界定对国家、社会和个体的重要性也为公众认同,但《物权法》的制定也暴露了中国改革开放以来的诸多社会矛盾和不同利益集团的诉求,围绕草案,赞成派和反对派形成了激烈的交锋。[①]《物权法》也创造了新中国立法史审议次数之多的纪录:全国人大常委会对物权法草案审议了七次,加上全国人大审议一次,共审议八次。立法机关充分协调各方意见,全国人大也进行了充分审议,修改共有七十多处。[②]《物权法》对完善中国市场经济规则、强化对私有财产的保护、推进全面实行依法行政、促进政治文明建设都具有重要

---

① 相关争议,见童之伟《〈物权法(草案)〉该如何通过宪法之门——评一封公开信引起的违宪与合宪之争》,《法学》2006 年第 3 期。

② 陈丽平:《物权法在举世关注的目光中走来》,《中国人大》2017 年第 4 期。

意义，也有助于推进民法典的出台。

2016年，在历经9年的酝酿和沉淀后，最高人民法院通过了《关于适用〈中华人民共和国物权法〉若干问题的解释（一）》。它是《物权法》实施以来司法经验与实践理性的结晶，消除了各类物权案件裁判中的模糊或歧见。解释的内容涵盖物权制度的诸多方面，如异议登记与预告登记的效力、物权的法定变动、物权的变动要件、优先购买权以及善意取得制度等。如其第2条明确规定，当事人有证据证明不动产登记簿的记载与真实权利状态不符、其为该不动产物权的真实权利人，可以请求确认其享有物权。这就改变了实践中将不动产登记簿等于确权唯一依据的错误做法。

《物权法》虽然规定了不动产统一登记制度，但因为不动产统一登记涉及行政管理体制等多方面的原因，推行过程中遇到诸多困难，实践中一直进展缓慢。为彻底解决不动产的统一登记问题，建立统一登记机关、统一登记依据、统一登记簿等，国务院2014年发布了《不动产登记暂行条例》。它将不动产登记界定为不动产登记机构依法将不动产权利归属和其他法定事项记载于不动产登记簿的行为。不动产包括土地、海域以及房屋、林木等定着物。明确规定国家实行不动产统一登记制度。不动产统一登记由国土行政管理部门实施。目前，中国城市房产不动产统一登记已基本完成。

尽管《物权法》规定了产权保护原则，但在实践中，产权保护，尤其是对私人财产权的保护存在保护不足（尤其是被国家权力不当侵害的情形频发）、平等保护未被落实等问题。为此，2016年11月4日，中共中央、国务院发布了《关于完善产权保护制度，依法保护产权的意见》。它明确指出，产权制度是社会主义市场经济的基石，保护产权是坚持社会主义基本经济制度的必然要求。"有恒产者有恒心",经济主体财产权的有效保障和实现是经济社会持续健康发展的基础。要求进一步完善现代产权制度,推进产权保护法治化,在事关产权保护的立法、执法、司法、守法等各方面各环节体现法治理念。

(四) 侵权

侵权行为是指行为人因故意或过失,非法侵害他人的人身或财产,依法应当承担民事责任的行为,以及依法律特别规定应当承担民事责任的其他损害行为。《侵权责任法》制定之前,《民法通则》有关侵权行为的规定是侵权法领域的主要裁判依据。2009年,第十一届全国人民代表大会常务委员会第十二次会议通过了《侵权责任法》,这是中国民事侵权领域的第一部单行法。它的颁布也意味着中国的民事法制的基本体系已经建成。

《侵权责任法》制定之后,最高人民法院就通过《关于适用（中华人民共和国侵权责任法）若干问题的通知》（2010）,阐明司法实践中应如何适用《侵权责任法》。此后,最高人民法院出台了一系列司法解释,阐明特殊侵权纠纷的裁判规则。如《关于审理旅游纠纷案件适用法律若干问题的规定》（2010）、《关于审理铁路运输人身损害赔偿纠纷案件适用法律若干问题的解释》（2010）、《关于审理船舶油污损害赔偿纠纷案件若干问题的规定》（2011）、《关于审理道路交通事故损害赔偿案件适用法律若干问题的解释》（2012）、《关于审理利用信息网络侵害人身权益民事纠纷案件适用法律若干问题的规定》（2014）和《关于审理环境侵权责任纠纷案件适用法律若干问题的解释》（2015）。另外,针对新《民事诉讼法》规定的公益诉讼,最高人民法院通过了《关于审理环境民事公益诉讼案件适用法律若干问题的解释》（2015）和《关于审理消费民事公益诉讼案件适用法律若干问题的解释》(2016)。

◇ 四 民法典的编纂

党的十八届四中全会提出"编纂民法典"。2015 年开始，中国就启动了《民法总则》的编纂，因为它是民法典的开篇之作，而且缺乏现成的单行法。1949 年后，中国曾先后四次启动民法典编纂，但都因条件不成熟宣告失败。从比较法的经验看，民法典编纂至少需要政治意愿、市场经济、权利文化和民法理论支撑，否则即使勉强出台民法典，也难以真正践行。2017 年，民法典编纂的奠基之作——《民法总则》颁行。这预示着中国即将进入民法典时代，泱泱大国没有民法典的年代将一去不返。

在民法典各编中，《民法总则》是民法典的开篇之作，在民法典中起统领性作用。《民法总则》编纂难度最大，因为它提炼的是民法典分则各编的共同规则，其内容最为抽象，其体系最为精致。它规定民事活动必须遵循的基本原则和一般性规则，统领民法典各分编；各分编在总则的基础上对各项民事制度做具体可操作的规定。它以 1986 年制定的《民法通则》为基础，采取"提取公因式"的办法，将民事法律制度中具有普遍适用性和引领性的内容规定纳入总则。[①] 此外，它还集中表述了整部民法典的价值理念和基本原则，构成整个民法典的基石。在《民法通则》等单行法的基础上，《民法总则》顺应中国改革开放以来国家和社会双重转型后的社会现实，满足了中国国家和

[①] 李适时：《民法总则是确立并完善民事基本制度的基本法律》，《中国人大》2017 年第 4 期。

社会治理的新要求，回应了科技和经济发展对法律的新挑战，在价值理念和制度设计上都有诸多推陈出新的亮点。

《民法总则》彰显了中国社会的重要时代特征，体现了立法者回应社会需求的努力。首先，它突出了中国民法典制定时代的互联网社会特征。如针对实践中频发的个人信息侵权问题，其第111条明确规定，自然人的个人信息受法律保护，任何组织和个人需要获取他人个人信息的，应当依法取得并确保信息安全，不得非法收集、使用、加工、传输他人个人信息，不得非法买卖、提供或者公开他人个人信息。第127条还规定了对数据、网络虚拟财产的保护。其次，它回应了中国社会从乡土社会向市场经济社会过渡的现实，在立法技术上强调民商合一。如承认商业惯例可以成为法律渊源的一种，将法人的分类确定为营利法人和非营利法人等。最后，它回应了中国社会自1978年以来国家和社会双重转型后，国家和社会都强大的社会现实，更强调对弱势群体，如未成年人、不能完全判断或不能判断自己行为的成年人的法律保护，如在监护领域将悯孤恤老作为国家和社会的救助义务。

在价值理念上，它以保障私权、尊崇自治、呵护弱势、敬畏道德和关爱环境为基本理念，一定程度上突破了传统私法的价值体系，为整个民法典奠定了价值基础。其中，最值得一提的有两个方面。

(一) 私权保障

《民法总则》的保障私权理念首先体现为立法宗旨和基本原则。它以"保护民事主体的合法权益"为立法宗旨（第1条）；第3条进一步明确了私权保障原则，即"民事主体的人身权利、财产权利以及其他合法权益受法律保护，任何组织或者个人不得侵犯"。《民法总则

(草案)》第四次审议稿将该原则置于第 9 条,在第十二届全国人民代表大会第五次会议审议《民法总则(草案)》时,有代表提出,保障私权是民法的基本精神,应突出其地位。①《民法总则》遂将私权保障原则作为民法典的首要原则,揭示了私权保障是民法的基本精神,也表明它是民法的基本构成原理之一。

《民法总则》还沿袭《民法通则》,专设"民事权利"章,详细规定民事主体的各种权利,以建构完整的民事权利体系,包括各项人格权、物权、债权、知识产权、继承权和基于亲属关系产生的权利。与《民法通则》相比,《民法总则》对民事权利的规定更为周全:在人格权领域,它规定了自然人的一般人格权,即人身自由和人格尊严(第 109 条)和特别人格权,在《民法通则》的基础上增加了身体权、隐私权等特别人格权。值得一提的是,它首次将自然人的信息权作为一种独立的民事权利。在财产权领域,它首次将数据和虚拟财产作为独立的财产权,同时还纳入知识产权、股权和其他投资性权利。这既使民事权利的内容更为丰满,也突出了民法典作为私法基本法的地位。

《民法总则》不仅扩大了民事权利的范围,而且增加了民事权利的保护强度。首先,第 113 条在《物权法》的基础上明确规定,民事主体的财产权利受法律平等保护。这就使不同民事主体享有的物权、股权和知识产权等财产权不存在等级秩序,处于法律同等保护之下,可纾解国有产权、集体产权和私人产权法律地位不平等的痼疾,深化对私人产权的保护,促进尊重财富的产权文化的形成。其次,《民法总则》民事权利的保护强度也在民事单行法的基础上有所增加。第

---

① 杨立新:《民法总则:当代法治精神的鲜明体现》,《北京日报》2017 年 3 月 20 日第 13 版。

130条规定，民事主体按照自己的意愿依法行使民事权利，不受干涉。"不受干涉"既包括不受其他民事主体的干涉，也包括不受公权力的干涉。又如第179条第2款规定，法律规定惩罚性赔偿的，依照其规定。这是中国法首次对惩罚性赔偿做出一般规定，为民法典分则设置更多惩罚性赔偿规则预留了法律空间。它可以充分发挥遏制故意侵害民事权利的功能，也体现了现代民法强调预防功能的新理念。而在其他成文法国家，惩罚性赔偿因为突破了民事责任的"填平观念"（即赔偿范围取决于法律上损失的范围），很少得到承认。最后，第187条再次重申了"民事责任优位"的理念。它包括两方面的内容：一是民事主体因同一行为应同时承担民事责任和公法责任时，承担公法责任并不免除其民事责任；二是民事主体的财产不足以支付的，优先用于承担民事责任。

最后，为强化私权保障，《民法总则》还专章规定民事责任，将其作为民事权利的救济方式。中国民法也因此是以法律关系为核心构建的，其逻辑主线是"民事权利—民事义务—民事责任"。[①] 这种体例明确了不履行民事义务和侵害权利的后果，有助于增加行为人对自己行为的可预测性，从而使其放弃违反义务或侵害他人权利的行为。

（二）生态保护

传统民法一大沉疴痼疾是不仅疏于对生态的保护，而且作为自由资本主义的法律基础，其契约自由观念和尊重物权的观念，还形

---

① 魏振瀛：《我们需要什么样的民法总则——与德国民法比较》，《北方法学》2016年第3期。

成了鼓励追逐利润、从环境中攫取更多资源的社会风气。可以说，以自由主义为基础的传统民法是无法容纳生态保护观念的。正因为此，学界有人主张"环境公民权"的概念，并将其置于自由主义政治理论尤其是当代世界性政治自由主义的视野中，以矫正因自由主义无法容纳的环境保护问题。① 传统民法对环境保护唯一的手段是将侵害环境的行为界定为侵权行为，并明确行为人的损害赔偿责任。

《民法总则》一个重大创新是规定了生态保护原则，其第9条规定："民事主体从事民事活动，应当有利于节约资源、保护生态环境。"此外，第119条虽然未将草案规定的"恢复生态环境"单列为一种民事责任方式，但立法者的意图是将其纳入"恢复原状"的责任方式。

在内容上，《民法总则》从分则提取最大公约数，构成民法典大厦的塔基。它从《民法通则》、民事单行法和人类共同法律文化成果出发，精心参酌中国的社会、经济和文化情势，新增个人信息权、数据、网络虚拟财产权等权利，建构了一个综合的、具有一定开放性的民事权利体系。它还确立了诸多具有中国元素的制度，如国家监护制度、营利法人和非营利法人的分类等，既反映当下的迫切需求，又为未来的变革预留法律空间。它在法律渊源、自然人、营利法人和非营利法人的分类、民事权利体系、法律行为和诉讼时效等制度方面都做了诸多重要制度变革，促进了国家和社会的沟通，平衡了当事人之间的利益结构。

可以预见，《民法总则》的施行对中国的国家和社会治理、经济

---

① ［英］德里克·贝尔：《正义、民主和环境：一种自由主义的环境公民权概念》，杨晓燕译，《南京工业大学学报》（社会科学版）2013年第1期。

和社会状况、权利观念都将产生积极影响。以它为基础,作为社会基本法的民法典的颁行也指日可待。

◇五 商事法治建设

市场经济的发展离不开完善的商事法治。成熟市场经济国家的发展经验已经证明,完善的商事法治体系是市场经济健康发展的前提,市场经济的深化发展又会不断促使商事法治发展优化。对于中国社会主义市场经济发展而言,商事法治建设同样具有至关重要的意义。

改革开放以来,随着社会主义市场经济体制的确立,中国的商事法治制度也逐步得到确立完善,为市场经济的发展提供了良好的制度基础和体系环境。如果没有商事法治建设层面的努力,中国的市场经济就不可能得到有序的发展,以社会主义市场经济体制为重点的经济社会改革就难以得到有效推进。理解中国经济奇迹离不开对于中国商事法治的深入了解。[①]

当然,在肯定成绩的同时,不能否认中国商事法治建设依然存在不少问题,比如立法上的不完善、监管上的不及时、司法上的低效率。这些问题的存在在一定程度上已经影响到了中国社会主义市场经济的深化发展,使得一些长期性的、根本性的制度难题不能得到有效解决。

在改革开放四十周年之际,有必要总结改革开放以来特别是近二十年中国商事法治所取得的进步,并剖析当下商事法治发展所面临的

[①] 参见江平、吴敬琏《市场经济与法治经济——经济学家和法学家的对话》,《中国政法大学学报》2010 年第 6 期。

难题，同时对于应当如何完善商事法治体系做出分析展望，以便使得中国商事法治体系能够更好契合社会主义市场经济深化发展的需要。

（一）商事法律体系

市场经济就是法治经济。市场经济的发展需要完善的商事法治体系，其中首先需要具备的要素便是建立完善的商事法律体系。在商法的历史发展历程中，很多国家都是通过制定商法典为商事交易提供全面的法律规则，并且根据商事实践需要不断更新完善商法规范体系。例如，19世纪法国、西班牙、意大利、德国等欧陆国家均制定了独立的商法典以规范商事交易。从促进市场经济发展的角度来看，通过法典立法"一次性"提供"全面性"的商法规范当然是最佳方案，但这种立法方案却不符合改革开放以来中国经济社会发展的实际情况。

改革开放以来，在从计划经济向市场经济转型的过程中，中国在商事立法方面并未采取"一步到位"的立法策略，而是根据实践需要不断完善商事立法，经过三十多年的立法积累之后初步形成了较为完善的商事法律体系。

在商主体立法方面，在改革开放早期根据吸引外资需要分别制定了三资企业法（《中外合资经营企业法》《中外合作经营企业法》和《外资企业法》），为外资进入中国开展经营活动创造了合适的商事组织形式；2019年3月，第十三届全国人大第二次会议审议通过了《外商投资法》，外商投资促进、保护与管理迈向新纪元。不断探索国有企业改革的方向路径，制定了《全民所有制工业企业法》《城镇集体所有制企业条例》等法律法规，为传统国企逐渐向现代企业转型奠定了基础。经过长期的实践准备，1993年制定了统一意义上的《公司法》，通过立法形式正式确认了公司制度的合法性并提供了较为全面的制度体系，为社会主义市场经济发展提供了组织法基础；1997年制定了《合伙企业法》，对于合伙企业进行了全面规范。2005年和2013年中国又对《公司法》进行了重大修订，对于《公司法》中相应制度进行了重大调整重构；2006年则修订了《合伙企业法》，将有限合伙企业这一重要的商事组织类型引入到商事法律体系。此外，在商个人立法方面，中国通过《个体工商户条例》《个人独资企业》等立法确保了个人作为商事主体能够有效开展商事经营活动。

在商行为立法方面，对于商事交易的一般性规则建构，在改革开放早期中国根据市场经济发展需要分别制定了《经济合同法》《涉外经济合同法》《技术合同法》，1999年在此前实践经验的基础上制定了统一的《合同法》，为各类商事交易的开展和商事合同的履行提供了规范基础。[①] 在特别商行为方面，近二十年中国则先后制定了《票据法》《保险法》《破产法》《证券法》《信托法》，为票据、保险、证券发行、证券交易、信托等特殊商行为类型提供了完善的法律规则。

需要承认，尽管目前商事立法依然存在较多问题并需要进一步修订完善，但就立法形式而言，中国的商事法律体系大体较为完善，制度构造也较为全面，能够对商事主体及其开展的商事营业活动进行全面的规范，有效地支持了改革开放以来的市场经济发展，对于商业交易效率的提升、商业交易安全的保障具有至关重要的意义。[②]

---

① 参见梁慧星《统一合同法：成功与不足》，《中国法学》1999年第3期。
② 参见赵旭东《中国商法三十年》，《中国法律》2012年第3期；华中师范大学商法研究中心《中国商法及商法学三十年》，《法学杂志》2009年第2期。

（二）商法制度结构

商法制度安排需要以促进交易效率、保障交易安全为宗旨。对于中国这样一个从计划经济向市场经济转轨的国家而言，除了建构好符合效率性和安全性原则的基础制度体系，更为重要的可能是减弱行政权力对于市场交易的不当干预，原则上尊重商人之间的意思自治和交易安排，确保商事主体能够高效便捷地开展商事交易，使得商人的创造性能够得到充分发挥。

中国商事法治的发展始终以建立便捷高效的商事制度体系和自由宽松的商事经营环境为目的，并按照市场经济的内在要求不断调整市场和政府的关系、调校自治和管制的逻辑，确保市场机制能够充分发挥配置资源的基础性作用。在商事主体准入方面，不断降低准入条件、限缩准入领域，使得商事主体能够便捷设立；在商事交易活动层面，不断强化商人自治、减弱行政管制，确保各项交易能够高效开展；在商事竞争规制方面，切实规制各类不正当的竞争行为和垄断行为，确保商事主体能够自由平地开展营业活动。在商法的各个具体领域，上述理念都在制度层面获得体现，下文将结合部门法领域的具体制度加以简要分析。

在合同法领域，将合同违法无效的适用领域加以限缩就是显例。在1999年统一合同法制定的时候，立法者将合同违法无效的原因限缩为"违反法律、行政法规的强制性规定"，对于违反部门规章、地方性法规强制性规范的合同原则上不得认定无效。[①] 在此后的商事法治实践中，为了更好地保护商人交易自由，限缩行政权力对于私人自

---

① 参见王利明《论无效合同的判断标准》，《法律适用》2012年第7期。

治的干预,司法实践中普遍将强制性规范限缩为"效力性规定",对于违反"管理性规定"的合同也不得任意认定为无效。①

在公司法领域,对于公司资本制度的调整也遵循着同样的理论逻辑。在1993年公司法制定时,立法机构坚持严格的法定资本逻辑,不仅设立了较高的最低法定资本额度门槛,而且要求发起人一次性全额缴纳,对于出资形式也有较为严格的限制。2005年公司法修订时,立法者在一定程度上缓和了法定资本制的严苛要求,将法定资本最低限额加以降低,同时允许分期缴纳,使得设立公司相对此前较为方便。2013年公司法的修订则彻底改变了此前法定资本制的制度构造,不设法定资本最低限额要求,同时对于出资期限也不做要求。这种改革使得设立公司非常便捷,极大地促进了人们的创业热情,新设公司的数量大幅增加。②

此外,在证券法领域,对于证券公开发行股份的管制也经历了从"审核制"到"核准制"的逻辑转变。监管机构对于证券发行审核不再施加严格的数量管制,而是逐渐向市场化逻辑进行转变,近年来更是朝着"注册制"的改革方向进行推进;在破产法领域,引入市场化的重整机制,强化了当事人的自治空间,使得困境企业能够通过重整机制获得重生。

在营商环境的优化方面,减少商事交易领域的各项审批,减少行政权力对于商事主体和商事交易的干预,已经成了商事法治建设的重

---

① 2009年2月9日最高人民法院颁布《关于适用〈中华人民共和国合同法〉若干问题的解释(二)》(以下简称《合同法司法解释二》)第14条规定:"《合同法》第五十二条第(五)项规定的'强制性规定',是指效力性强制性规定。"

② 参见刘凯湘、张其鉴《公司资本制度在中国的立法变迁与问题应对》,《河南财经政法大学学报》2014年第5期。

要目标。特别是近年来推进的商事登记改革，将先证后照改为先照后证，将企业年检制度改为年报公示制度，为公民投资创业的便利和商事发展环境的优化创造了条件。① 没有这些改革，市场主体的活力就难以有效发挥，市场创新的精神就难以充分弘扬，市场经济的发展也不可能取得如此卓越的成绩。

（三）商事监管制度

现代商事交易天然带有资本属性和金融属性，尤其是围绕金融借款、商业保险、证券交易、商事信托、资产证券化等特殊型的商行为，往往不能只关注单个交易层面的风险，而是要注意这些交易对于商事交易和经济秩序的整体性影响。围绕这些特殊的商事交易，需要确立相应的交易监管制度，防范整体层面的系统性风险。

在从计划经济向市场经济转型的过程中，建立现代化的商事监管制度体系显得尤为重要。一方面，计划经济体制下政府权力对于经济生活的干预几乎是无所不在，但社会主义市场经济的发展不允许政府权力任意干预，政府权力对于市场经济的影响必须限定在合理影响范围内；一方面，即便是承认政府对于市场运行的合理监管权力，也必须规范这些监管权力的行使，不能让其任意侵犯市场主体的合法权益。回顾改革开放的经济发展历史可以看出，对于中国市场经济的健康发展而言，一方面需要防止政府权力的不当滥用，另一方面需要引导政府权力的合理行使。为了促成上述两个目的的实现，中国按照社会主义市场经济的内在需求不断调整监管制度构成，最终建构了相应

---

① 参见蒋大兴《"先照后证"与监管创新——以协同监管模式重塑"信用国家"》，《中国工商管理研究》2015年第11期。

的商事监管制度体系，使得政府与市场的关系实现了从"限定市场、余外政府"模式向"限定政府、余外市场"模式的原则理念调整和制度结构转型。①

以证券市场监管为例，在中国建立了证券市场之后，起初是由人民银行负责证券市场的监管工作，1998年则在国务院证券委员会的基础上成立了中国证券监督管理委员会，全面负责证券市场的监管。经过二十多年的实践，证监会对于证券发行、证券交易、上市公司、证券公司等进行了全面而深入的监管，确保了证券市场的有序健康发展。同时，中国还相应建立了银监会、保监会等专业性监管机构，对于银行业、保险业的发展进行全面而深入的监管。此外，为了维护市场的有序发展和公平竞争，中国对于不正当的市场竞争行为也确立了相应的监管体系。工商、商务等行政机关对于市场经济运行过程中的违法主体和违法行为也进行了全面的监管，确保了社会主义市场经济秩序的有效维护。

值得一提的是，在行政监管之外，现代商法秩序的维系也离不开自律监管制度的完善。在中国商事领域各个行业的自律监管也得到了发展完善。同样以证券行业为例，证券交易所层面的监管、证券业协会、上市公司协会的自律监管对于证券市场的规范运行也发挥了重要的作用。②

政府监管权力运用的法治化，防止了计划经济条件下政府权力的无所不为，合理划定了监管权力运用的范围和方式，既保障了市场经济的结构性安全，又维护了市场主体的自主性空间。现代性商事监管

---

① 参见陈甦《商法机制中政府与市场的功能定位》，《中国法学》2014年第5期。
② 参见黄湘平《中国证券行业自律组织的发展历程与趋势》，《中国金融》2010年第11期。

制度体系的建构是中国商事法治建设的重要成果。

(四) 商事审判机制

从商法的发展历史可以看出，完善的商事审判机制对于商法的发展有着至关重要的意义。独立的商事法院、高效的审判程序、独特的审判理念一直是商法独立于民法的重要标志。

在改革开放以来中国的商事法治建设过程中并未建立独立的商事法院。在早期的司法实践中，对于民事审判和商事审判并不做严格的区分，也没有讨论商事审判思维和理念等问题。随着市场经济的深化发展，司法机关和司法人员越来越意识到商事审判的独特性，并逐渐开始探讨商事审判的机制建构问题。[①]

在理念层面，商事审判理念得到了法院以及法官的高度重视。商事审判理念主张促进交易效率、保护交易安全，注重外观主义原则的贯彻和善意信赖利益的保护。理论界和实务界均主张将商事审判理念贯彻到商事审判实践中，进而凸显商事交易和商事审判的特殊性，在尊重商人自治的前提下强调交易效率、交易安全等制度利益的保障，高效公正地处理相应商事争议，确保市场经济秩序能够得到有效维护。[②]

在制度层面，为了弥补商事立法的不足，各级法院特别是最高人民法院不断将商事审判理念加以具体化和实质化，使之"衍化"成了指导审判实践的司法政策、裁判方法以及裁判规则。[③] 其中，最为重

[①] 参见李后龙《中国商事审判理念的演进》，《南京大学法律评论》2006 年春季号。

[②] 参见王保树《商事审判的理念与思维》，《山东审判》2010 年第 2 期。

[③] 参见李志刚《略论商事审判理念之实践运用》，《人民司法》2014 年第 15 期。

要的制度形式是各类司法解释的制定和典型案例的发布。总结司法实践经验，推出了一系列的司法解释，为商事审判工作的有序推进奠定了坚实的基础。其中，在合同法领域颁布了两个司法解释，在公司法领域颁布了四个司法解释，在保险法领域颁布了三个司法解释，在破产法领域颁布了三个司法解释，在票据法领域颁布了一个司法解释。这些司法解释的颁布在一定程度上丰富发展了既有的商事法律规范体系，有效地弥补了既有商事法律规范的体系漏洞和规整不足，为实践中相关疑难问题的解决提供了规范基础。同时，为了进一步促进司法裁判标准的统一，最高人民法院还推出了指导案例制度，发布了一系列的指导案例，经由这些案例提炼的裁判要旨对于实践中相关疑难问题的解决具有重要的参照借鉴意义。各个省、直辖市、自治区的高级人民法院也不断总结提炼商事审判经验，通过发布审判纪要等形式总结裁判规则，为基层法院商事审判提供了较为全面的指导性规则。

在机构方面，尽管中国并未建立专门的商事法院，但在一些地方的改革创新实践中，已经创设了一些具有特色的商事审判机构，如设立专门的金融审判庭以处理专业化的金融争议纠纷。例如，在上海自贸区的改革创新实践中，就成立了全国首家金融审判庭，由专业的法官高效处理相应金融争议案件，取得了良好的司法审判效果。

第五章

经济法治：护航发展"新常态"

◇ 一 中国经济法治概况

相较西方发达国家，中国属于经济后发与法治后发国家，自改革开放以来，中国社会主义市场经济体制大致经历了初创期、构建期与加速发展期，与之密切相关的中国市场经济法治也因应社会现实逐步构建与发展。在中国法律体系中，市场经济法律居于十分重要的位置，确立了中国市场经济中的重要行为规则与法律制度。在前述民商事法律基础上，经济法律主要包括市场规制法、财税法和金融法。

市场规制法是国家通过"有形之手"干预市场中的不当行为，规范市场行为，维护市场秩序，保护和促进公平竞争过程中所产生的各种经济关系的法律规范。主要包括反垄断法、反不正当竞争法、消费者权益保护法、产品质量法、标准化法等。目前已制定《反垄断法》（2007年）、《反不正当竞争法》（1993年制定、2017年修订）、《消费者权益保护法》（1993年制定、2013年修订）、《产品质量法》（1993年制定、2009年修订）、《标准化法》（1988年制定、2017年修订），等等。

财税法主要包括财政法与税收法,财政法是调整国家财政收支关系的法律规范;税法是国家指定的用以调节国家与纳税人之间在正纳税方面的权利及义务关系的法律规范。目前已制定《企业所得税法》(2007年制定、2017年修订)、《个人所得税法》(1980年制定、2011年最新修订)、《增值税暂行条例》(1993年制定、2017年最新修订),等等。

金融法是调整金融关系的法律规范,主要包括金融监管法与金融交易法。金融监管法主要指国家对金融机构、金融市场、金融产品和金融交易进行监督管理的法律规范;金融交易法主要是在货币市场、证券市场、保险市场和外汇市场等各种金融市场,金融机构之间,金融机构与交易个体之间,交易个体之间所进行的各种金融交易关系的法律规范。目前已制定《中国人民银行法》(1995年制定、2003年修订)、《商业银行法》(1995年制定、2015年修订)、《证券法》(1998年制定、2014年最新修订)、《保险法》(1995年制定、2015年最新修订)、《信托法》(2001年制定)、《存款保险条例》(2015年制定)、《外汇管理条例》(1996年制定、2008年修订),等等。

2000年以来,中国经济快速健康发展,虽然2008年在全世界范围内发生金融危机,但中国几乎隔离于该危机,并在其后更加健康快速发展。中国市场经济法治也与市场经济同步实现纵深推进与多维度发展,旨在维护市场竞争的竞争法律制度基本实现体系化构建,竞争文化逐渐形成,财税法治健康稳步发展,金融法治也在打破传统、推动创新、防范风险几者并重中持续健康发展。中国市场经济法治的理性、合规律性构建,成为社会主义市场经济发展的有力保障,甚至在一定程度上成为经济发展的重要助推力量。

◇ 二 竞争法治与消费者保护

　　市场经济在于通过自由竞争而实现个体的积极性与创造性，提高市场效率与增进社会福祉。人类经济发展历史与经验证明，竞争是获致繁荣和保证繁荣最有效的手段。中国在从计划经济向市场经济转变的过程中，就深刻地认识到市场经济本质上所具有的竞争特质，并以维护市场竞争为目标先后探索不同路径与方式，最终共识依然是法治，以法治保护市场竞争、确保市场经济具有活力，因此，竞争法堪誉为"市场经济的核心法"。改革开放以来，尤其是进入 21 世纪以来，中国竞争法发展呈现出阶段性、多元化与系统性等特征，并随着 2007 年《反垄断法》的出台以及 2010 年《反不正当竞争法》启动修订程序而逐步确立竞争法体系，并旨在向纵深发展而实现法价值。同时，竞争法维护市场竞争秩序的最终目标是保护消费者，消费者因良好的竞争秩序而受益，因此竞争法与消费者保护法休戚相关。消费者保护法自成一体，其属于相对独立的法领域并形成自身的完善轨迹，其于 2013 年进行修订，完成体系构建使命。故此，纵览社会主义市场经济法治全局，处于市场经济核心地位的"三驾马车"——反垄断法、反不正当竞争法与消费者保护法，在近十几年基本实现体系化构建，并在发展市场经济中起着重要助推与保驾护航作用。

（一）反垄断法体系

　　反垄断法对市场经济的正常运行具有重要作用，对此在世界范围内都具有共识。对中国而言，反垄断法被认为是根治市场经济体制建设中限制竞争行为的有效手段,并有利于引导和规范中国市场经济成长与发展。然而,由于中国在改革开放之前经济基础较为薄弱,经济管理能力尚需提高,因此建立竞争法治体系尚缺乏一些必备要素与外部环境,近些年现实中仍存在不少限制竞争的威胁且形式多样,尤其是各种妨碍公平竞争、设置行政壁垒、排斥外地产品和服务的分割市场以及行业垄断和地区封锁等行为和现象仍然在一定程度上普遍存在。因此,认清中国问题,成为中国建立竞争法体系的前提与基础。

就反垄断法治发展而言,2007年《反垄断法》出台是一个重要的"时间分割点"。在2002年至2007年期间,学术界与实践界主要聚焦于中国市场经济运行中是否需要通过反垄断法来打击垄断、保护市场竞争等问题,继而探讨构筑反垄断立法的基本思路和框架。2007年《反垄断法》出台之后,反垄断法总体上进入"解释论"时代,同时在不同层面以及不同问题上推进研究的深度与广度。

第一,在传统问题上继续推进法律规范解释,实现核心概念的规范化。例如,对相关市场进行界定,讨论适用除外以及域外适用等制度;对垄断行为进行了不同层面的类型化分析,如垄断协议(横向垄断协议、纵向垄断协议)、宽恕制度、滥用市场支配地位行为(公用企业、关键设施、标准必要专利[①]、互联网产业)、经营者集中(安全港规则、三分法/两分法)以及行政垄断等。同时对一些基础问题以及典型中国问题进行再审视,比如反垄断法执行以及法律责任等。

第二,更加关注新业态与新行为的反垄断问题。近年来,中国互联网产业迅速发展,发展规模与发展程度在一定程度上甚至超越了欧

[①] 最为典型也较为轰动的案件系华为、中兴在欧盟境内的标准专利纠纷案。

美国家，同时也遇到了前所未有的问题与难题，又缺少世界范围内的经验可资借鉴。因此，2009年之后尤其是2012年中国互联网行业中的垄断案件频现，如奇虎360公司与腾讯公司之间的三场诉讼，引起了反垄断法领域相关市场界定的本土化反思与分析。① 可见，反垄断法治在应对新业态与新问题方面还需深入拓展。

第三，全方位推动反垄断法实施。《反垄断法》颁布之时，制定和颁布执法指南就成为该法对国务院反垄断委员会做出的要求之一，旨在由国务院反垄断委员会对《反垄断法》本身规定原则或模糊的法律规则进行细化或做出指导。目前已颁布的指南包括2009年国务院反垄断委员会《关于相关市场界定的指南》、2014年商务部《关于经营者集中附加限制性条件的规定》等，其他如《关于滥用知识产权的反垄断指南》正在制定中。同时，反垄断执法机构所裁定的典型的反垄断案件也具有较强的指导性，在反垄断法实施中的作用也不容忽视。另外，行政执法中的承诺制度、国际合作以及私人执行实施机制等制度也在不同层面加强了反垄断法的实施。可见，中国反垄断法经过多年的构建，已经形成相对较为完善的反垄断法律文本体系和具有中国本土化特色的实施机制。②

（二）反不正当竞争法

中国于1993年制定《反不正当竞争法》。当时正值社会主义市场

---

① 参见仲春《互联网行业反垄断执法中相关市场界定》，《法律科学（西北政法大学学报）》2012年第4期；蒋岩波《互联网产业中相关市场界定的司法困境与出路》，《法学家》2012年第6期；黄勇、蒋潇君《互联网产业中"相关市场"之界定》，《法学》2014年第6期。

② 本反垄断法部分写作，感谢中国社会科学院法学研究所金善明副研究员提供相关资料。

经济发展初期，该法律文本主要参考借鉴西方主要发达国家的反不正当竞争相关法律制定而成。然而该法颁布不久，学术界以及实务界便提出该法存在诸多不足并主张修改完善。2003年国家工商行政管理总局就开始着手该法的修改工作，2006年最高人民法院颁布《关于审理不正当竞争民事案件应用法律若干问题的解释》，其后学术界以及实务界一直持续讨论对该法的修订问题。自《反不正当竞争法》颁布时起，经过20多年的发展，中国经济市场化程度大幅提高，经济总量、市场规模、市场竞争程度和竞争状况都发生了极为广泛而深刻的变化。为实现发挥市场在资源配置中的决定作用，建立公平开放透明的市场规则，建设统一开放、竞争有序的市场体系的目标，更好地维护公平竞争市场秩序，更好地保护消费者合法权益，工商总局综合各方意见，对《反不正当竞争法》启动了修改程序，2016年2月国务院法制办公布了《反不正当竞争法（修订草案送审稿）》，2017年2月、2017年9月，全国人大常委会对《反不正当竞争法（修订草案）》分别进行了一审和二审，旷日持久而又富有成效的修法工作即将画上圆满句号。

在学术界以及实务界引起较大争议并且在修法中备受关注的"焦点条款"主要是《反不正当竞争法》第2条，该条第2款规定，"不正当竞争，是指经营者违反本法规定，损害其他经营者的合法权益，扰乱社会经济秩序的行为"。有学者认为不正当竞争行为构成要件包括三要素：（1）在市场交易中所为，这是强调反不正当竞争法所规制的竞争行为是经济竞争，且是出于盈利目的，发生在商业关系中或市场交易中；（2）以竞争为目的，这是因为《反不正当竞争法》不是针对经营者在市场上所有的侵权行为，而只是针对市场竞争中的侵权行为；（3）违反商业道德，经营者应遵循自愿、平等、公平和诚实信用的原则，若经营者以损害竞争者为手段，不公平地攫取市场竞争优势，则违反了商业道德。①

由于学界以及实务界对《反不正当竞争法》第 2 条这一总括条款一直存在较大争论，因此在本次修法过程中，对该条进行多次反复调整。2017 年《反不正当竞争法（修订草案）》（二审稿）第 2 条第 1 款规定，"经营者在市场交易中，应当遵循自愿、平等、公平、诚实信用的原则，遵守公认的商业道德"，该条第 2 款规定，"本法所称的不正当竞争行为，是指经营者违反前款规定，以不正当手段从事市场交易，损害其他经营者的合法权益，扰乱竞争秩序的行为"。有学者指出，此种表述，明确地将前款规定的一般原则与第二章的具体列举相结合，起到法律的"形神"兼备、表里统一的作用，给反不正当竞争法对经济秩序的调整注入了生命与活力，在立法设计上无疑是一个重要的进步。同时也给法的"适用"留下足够的空间，给司法解释留足了解释的余地，大大充实丰富了反不正当竞争法的调整范围。②

本次修法主要解决三方面问题，一是解决反不正当竞争法中一般条款的地位和统领作用问题；二是调整对具体制度的处理；三是如何对待新技术发展带来的问题。在具体制度层面，一是细化了有关商业贿赂的条款，规定经营者不得采用财物或其他手段贿赂交易相对方或可能影响交易的第三方，并明确"可能影响交易的第三方"的范围；二是对商业秘密问题做了修改；三是参照商标法、专利法的规定，提高了对混淆、侵犯商业秘密等行为的法定赔偿额。另外，还增加了对

---

① 王晓晔：《竞争法学》，社会科学文献出版社 2007 年版，第 51—53 页。
② 《修法要给法的"适用"留下空间：访中国知识产权法学研究会会长刘春田》，《法制日报》2017 年 9 月 26 日第 10 版。

利用互联网实施不正当竞争行为的规制。① 可见，在过去的十几二十年间，反不正当竞争法在立法、司法、执法以及学术界与实务界等各个领域和层面都备受重视，法律文本不断完善，法律实施不断推进。

（三）消费者保护

中国消费者权益保护法自产生之初就与西方发达国家的消费者法的路径不同，欧美国家消费者法的产生是建立在私权已然充分发展、私主体具有充分的权利意识的基础上，而中国消费者法产生在私主体并未充分发育、私权并未得到充分发展的背景下，法律规则多是遵循"管制法"的路径，以行政管理为基本手段，保障消费者权益。由于1993年制定《消费者权益保护法》之时，中国市场经济仍处于初创发展期，事实上并不存在相对成熟的市场，因此当时主要借鉴西方发达国家制定法律文本，法律文本相对比较完善，但经过二十多年经济和社会发展，法律文本已滞后于社会事实。因此，2013年全国人大修订《消费者权益保护法》，增加了诸如消费者个人信息保护、消费者反悔权、网络等非现场购物信息披露制度、消协有权提起公益诉讼、加大消费欺诈赔偿等法律规定。在法律文本层面，消费者权益保护法更加臻于完善。

从法的实施角度来看，中国消费者权益保护的效果并不令人满意，但无论是执法还是司法实践都旨在关注和解决现实问题。

一方面，侵害消费者权益的事件屡有发生，甚至有的事件表明经营者几乎无视法律。近些年，尽管官方从未公布或披露每一年消费者权益被

---

① 《修法要给法的"适用"留下空间：访中国知识产权法学研究会会长刘春田》，《法制日报》2017年9月26日第10版。

侵害的事件或案件的统计数据,但官方也会针对消费者保护的事件或案例予以评论,以及会对一些地区性、行业性统计数据进行披露,从所披露的数据与情况来看,消费者权益几乎难以得到充分的保护,即便维权,其维权成本也甚高。有数据统计,2011年江苏省法院受理涉及消费者权益保护民事纠纷一审案件8986件,比2010年的8228件上升9.21%。但此类案件与其他民事纠纷案件相比,仍然仅占民事案件较小比重。例如,2010年全省法院受理一审民事案件597505件,此类案件仅占受理案件总数的1.37%;2011年全省法院受理一审民事案件650198件,此类案件占受理案件总数的1.38%。[1] 以2010—2013年最高人民法院和中国消费者协会的统计数据为例,全国地方法院共受理各类消费者维权一审案件482545件,同期全国地方法院共受理民商事一审案件28785173件,消费者维权案件仅占1.68%。与此同时,2010—2013年全国各级消协组织受理消费者投诉多达2519340件,法院受理消费者维权一审案件仅占其19.15%。诚然,消费者在其合法权益受到侵害时选择放弃维权者占绝大多数,中国新闻网2009年针对消费者维权意识所做的一项有着2012名消费者参与的调查显示,在当消费者合法权益受到侵害时,受调查者选择"默默忍受"高达63.82%,而选择"向消协求助"仅占5.47%。倘若前述两项调查数据均符合中国当前消费者维权实际情况,则受害消费者提起消费维权诉讼的概率仅为1%。[2]

另一方面,在实施《消费者权益保护法》新制度的过程中,也遭遇到种种问题,难以实现对消费者的有效救济,同时也难以解决比较

---

[1] 参见江苏省高级人民法院民一庭课题组《引导消费维权强化司法保护》,《江苏法制报》2012年3月13日第A07版。

[2] 黄忠顺:《消费者集体性损害赔偿诉讼的二阶构造》,《环球法律评论》2014年第5期。

典型的诸如"职业打假人"等问题。

第一，消费者的后悔权难以得到保障，无理由退货制度无法有效实施。作为新修改的《消费者权益保护法》中的亮点内容，该法第25条规定了网络等新型购物方式的无理由退货制度，即在采用网络、电视、电话、邮购等新型购物方式购买商品的消费者，自收到商品之日起七日内，享有无理由退货的权利，该制度受到社会的广泛关注。然而，由于该条规定过于粗疏，并没有规定具体的操作程序，因此该规定实际操作起来并没有那么顺利，商家在履行所谓的"无理由退货义务"时往往附加诸多限制性条件，消费者难以享有真正的无理由退货权。[①] 对此，国家工商行政管理总局以及消费者协会等也从多方面敦促经营者切实履行该项义务。

第二，消费者集体性损害赔偿团体诉讼目前难以实现。根据《民事诉讼法》第55条以及《消费者权益保护法》第47条的规定，对侵害众多消费者合法权益的行为，中国消费者协会以及在省、自治区、直辖市设立的消费者协会可以向人民法院提起诉讼。从解释论的角度而言，公益诉讼既是消协的权利又是消协的职责。最高人民法院于2016年4月公布了《最高人民法院关于审理消费民事公益诉讼案件适用法律若干问题的解释》，为中国消费者公益诉讼提供了判案依据。然而，近几年的实践表明，各地消费者协会提起公益诉讼的数量、行业和所涉及的消费者权益和利益等并不符合公众期待。

第三，"职业打假人"问题成为具有典型的"中国问题"。《消费者权益保护法》《食品安全法》规定了惩罚性赔偿制度，该制度旨在

---

① 中国江苏网：《新〈消费者权益保护法〉实施网购退货仍非随心所欲》，http://jsnews.jschina.com.cn/system/2014/04/14/020768616.shtml，访问时间：2017年9月10日。

针对经营者的欺诈行为以及生产或者销售不符合食品安全标准的食品等行为，保护消费者权益，但现实中却成为"知假买假者"以及"职业打假人"的牟利工具，给企业造成巨大损失，也给司法实践带来巨大挑战。各地人民法院对"职业打假人"的态度不一，或支持或否定，存在较大分歧，最高人民法院在2017年5月《对十二届全国人大五次会议第5990号建议的答复意见》（法办函〔2017〕181号）中明确不支持职业打假人的行为，并提出适时借助司法解释、指导性案例等形式，逐步遏制职业打假人的牟利性打假行为，表明要通过司法维护法律的正当性与法治权威。

总体上而言，消费者保护法法律文本体系已基本构建并逐渐完善，但实施问题仍在多层面存在问题，因此，真正实现法律预期，并旨在消费者与经营者之间的利益平衡上寻求效果才是制度目标。

◇ 三 财税法治

（一）21世纪以来财税法治

2002—2017年的十五年时间里，中国财税法治的发展总体上划分为两大阶段。[①] 第一阶段是2002—2012年的十年税改期，这次税制改

---

① 自2002年起，陆续有一些学者开始定期对中国财税法学的研究进行梳理。参见丁一《中国法学会财税法学研究会2002年年会综述》，《中国法学》2002年第6期；李建人《2002年中国财税法学研究综述》，载刘剑文主编《财税法论丛》第4卷，法律出版社2004年版；郭维真等《2004年中国财税法学研究综述》，载刘剑文主编《财税法论丛》第7卷，法律出版社2005年版；翟继光《中国财税法学的现状与未来》，载刘剑文主编《财税法论丛》第13卷，法律出版社2013年版。

革实际上从 2001 年就已经启动，以交通和车辆税费向车辆购置税改革为起点，主要是建立更加规范、完备的税法体系，局部调整税制①，并开始结构性减税探索。第二阶段则是 2012 年至今进行的全面深化改革背景下结构性减税的深入发展和税收法定原则的逐步落实。上海营改增试点的展开和党的十八届三中全会"落实税收法定原则"的提出是改革的里程碑事件。税制改革或税制变迁是国家政治、经济、社会、法律发展的集中体现，具有鲜明的时代特色。

在改革的范围方面，第二阶段的改革不仅进行税种内的税制模式改革（如个人所得税以建立综合与分类相结合的税制模式为目标），而且对不同税种之间的税制合并进行探索（如营改增的推开、房地产税制的探索等）。

在改革的程度方面，第一阶段的改革与第二阶段的改革实际上都是"结构性减税"的改革，但是两个阶段"结构性减税"的力度有很大的区别。第一阶段实际上主要是提出了结构性减税的理念，真正开始探索是 2008 年金融危机以后②，主要是确定了税改的方向；而第二阶段的结构性减税则是遵循税改方向下的各项改革措施的逐步落实。

在改革的动力方面，第一阶段的税制改革与 2001 年中国加入世贸组织密切相关，税制改革体现出鲜明的"接轨"痕迹，主要是统一内外资企业的税法适用，实行国民待遇，比如关税条例的修改、统一内外资企业所得税等，税制改革的动力主要是外部的；而第二阶段的改革则是回应本国政治、经济、社会发展中的问题，具有明显的"立

---

① 张守文：《税制变迁与税收法治现代化》，《中国社会科学》2015 年第 2 期。
② 闫坤、于树一：《论全球金融危机下的中国结构性减税》，《税务研究》2011 年第 1 期。

足中国实际、解决中国问题、探索中国模式"的特色,税制改革的动力主要是内部的。

在改革的路径方面,第一阶段的改革侧重于国际经验的借鉴①,主要体现在考虑是否向发达国家学习开征遗产税、社会保障税、证券交易印花税等,既有减税的探索,也有增税的需求。第二阶段的税制改革重在本土化改革,对外国的税制改革秉持经验借鉴与吸取教训相结合的态度,明确提出不开征新税种的改革路径,不再提及开征遗产税等新税种,不断总结并开始向世界介绍、推广中国税制改革经验。

当然,两个阶段的税制改革并非截然不同,而是有着内在逻辑的一致性以及前后承继的连续性。主要体现在:第一,两个阶段的税制改革都与党的改革决定密切相关,2003年党的十六届三中全会决定和2013年党的十八届三中全会决定分别奠定了两个阶段税制改革的政治基础,国家的直接推动或政府的着力建构,始终是税制变迁过程中一条不容忽视的主线②;第二,两个阶段的改革都重视缓解分配压力和解决分配问题,重视处理好国家之间、国家不同层级的政权之间、国家与税法上的居民、非居民之间,以及市场主体相互之间等多主体、多层次之间的分配关系;第三,维护纳税人权利也是近十五年内税制改革中极为重要的一条线索,不仅明确了纳税人享有哪些权利,还在具体制度设计中加以落实(部分税收优惠由审批制改为备案制等);第四,第二阶段的财税体制改革是对第一阶段财税体制改革的继承和发展,第二阶段的改革重在通过各项举措落实和实现第一阶段提出和确定的财税体制改革的目标与方向。

---

① 俞光远:《中国财税法治建设30年》,《中国税务》2008年第12期。
② 参见张守文《改革决定与经济法共识》,《法学评论》2014年第2期。

（二）财税法典型制度

过去的十五年间，中国财税体制改革取得了十分显著的成果。其中，一些重要的制度改革呈现出明显的发展脉络。

一是货劳税方面的改革。货劳税的改革以 2008 年对增值税、消费税、营业税《暂行条例》的修改以及 2012 年开始的营改增最为重要。2004 年在东三省部分行业开始的增值税转型试点改革在 2009 年得到全面推进，中国增值税实现了从"生产型"向"消费型"的转变。营改增的全面推开和增值税的立法是货劳税改革方面最重要的内容，增值税立法中的税制要素设计尤其重要。2012 年的营改增试点改革自 2016 年 5 月 1 日起在全国全面推开，建筑业、房地产业、金融业、生活服务业等全部被纳入增值税纳税范围。当然，营改增改革同样也存在很多问题，改革过程中税务总局发布了一系列规范性文件来打补丁，金融业的增值税政策尤其如此。

二是财行税方面的改革。财行税方面早期侧重于兼并税种，主要是 2007 年将车船使用税与车船使用牌照税合并为车船税，2008—2009 年实现了城镇土地使用税、耕地占用税、房产税的内外统一征收。近几年的改革主要关注房产税制的设计和资源税的改革。资源税的改革主要是：2011 年将盐税纳入征税范围，2010—2016 年的清费立税、从价计征改革以及水资源税试点。房产税制主要是 2011 年上海、重庆的房产税试点改革，考虑将房产税和城镇土地使用税合并，同时全面设计房产税税制要素。

三是税收征管体制方面的改革。主要有 2003 年税务登记管理制度改革、2009 年剥离财政部门征税职能、2015 年深化国地税征管体制改革、社保费征管体制改革以及近几年国际税收征管互助等反避税管理方面的改革。其中，深化国地税征管体制改革和国际反避税管理制度改革是重点。《税收征收管理法》自 2001 年大幅修订之后，仅仅于 2013 年、2015 年进行了微调，2013 年、2014 年、2015 年都公布了修订草案，但至今仍未完成法律修订程序。

四是财政法方面的改革。预算管理体制改革自 2004 年启动到 2014 年《预算法》的修正已基本完成。改革内容主要有：预算公开、全口径预算、省直管县探索、预算四本账的编制、预算权划分、预算民主参与以及政府采购制度等[①]。另外，2011—2015 年中国密集发文加强对地方债的管理以防范财政风险。

五是税收法定原则的发展与落实。中国现行大部分税种的法律依据是全国人大 1985 年授权下国务院颁布的暂行条例。随着中国特色社会主义法律体系的形成和完善，中国已经基本形成了多税种、多环节、多层次的税收体系，税收制度基本建立并日趋完善[②]，党的十八届三中全会明确提出要"落实税收法定原则"，四中全会也将"财政税收"作为"加强重点领域立法"的任务。2015 年《立法法》第 8 条的修改率先在落实税收法定原则上迈出关键步伐。2015 年 3 月党中央审议通过了《贯彻落实税收法定原则的实施意见》，明确了落实税收法定原则时间表和路线图。2016 年 12 月发布的《环境保护税法》《船舶吨税法（征求意见稿）》《烟叶税法（征求意见稿）》以及 2017 年发布的《耕地占用税法（征求意见稿）》《车辆购置税法（征求意

---

① 参见刘隆亨《新〈预算法〉的基本理念、基本特征与实施建议》，《法学杂志》2015 年第 4 期。

② 参见《全国人大常委会法工委负责人就〈贯彻落实税收法定原则的实施意见〉答新华社记者问》，http://news.xinhuanet.com/politics/2015-03/25/c_1114763794.htm，访问时间：2017 年 9 月 28 日。

见稿)》都是对税收法定原则的具体落实。

四 金融法治

与西方发达国家相比，中国金融业相对起步较晚，但是发展却十分迅速，自改革开放以来的短短三十余年，中国外汇储备已连续多年位居世界第一，中国 A 股体量也鳌冠全球，很多经济数据与指标均大幅攀升。金融业的发展驱动力来自为实体经济服务的产品、技术的创新与发展，同时也受制于所在国的经济与社会发展状况、世界金融市场环境以及国际政治格局变化等因素。法治是市场经济体制的内在要求，金融体系作为市场经济的重要组成部分，其与法治相结合，形成相对独立的金融法治系统，为金融业健康有序发展提供理念与规则支撑。21 世纪之后，中国加入 WTO，2002 年设立合格境外机构投资者（QFII）制度，进一步加大对外开放程度。2008 年席卷世界的次贷危机令西方发达国家严重受挫，但中国几乎隔离于该次危机，其后中国更重视防范系统性金融风险。近些年在互联网等技术的支持下，中国金融创新步伐加快，但同时也面临更多挑战，完善抑或改变金融监管方式与格局，严控风险以及保护个体金融服务接受者，则成为新时代的金融法治要求。

(一) 金融法体系性完善

中国金融宏观调控体系、金融监管体系与金融市场体系自改革开放以来一直强调发展与防范并重，近几年以及 2015 年证券市场波动以来，尤强调以"防范系统性金融风险"为导向构建相应金融法治体系。

党的十八届三中全会《中共中央关于全面深化改革若干重大问题的决定》中强调，完善金融市场体系，包括扩大金融业对内对外开放，在加强监管前提下，允许具备条件的民间资本依法发起设立中小型银行等金融机构。推进政策性金融机构改革。健全多层次资本市场体系，推进股票发行注册制改革，多渠道推动股权融资，发展并规范债券市场，提高直接融资比重。完善保险经济补偿机制，建立巨灾保险制度，发展普惠金融，鼓励金融创新，丰富金融市场层次和产品。完善人民币汇率市场化形成机制，加快推进利率市场化，健全反映市场供求关系的国债收益率曲线。推动资本市场双向开放，有序提高跨境资本和金融交易可兑换程度，建立健全宏观审慎管理框架下的外债和资本流动管理体系，加快实现人民币资本项目可兑换。落实金融监管改革措施和稳健标准，完善监管协调机制，界定中央和地方金融监管职责和风险处置责任。建立存款保险制度，完善金融机构市场化退出机制。加强金融基础设施建设，保障金融市场安全高效运行和整体稳定。

国务院于2014年10月颁布《存款保险条例》，存款保险是市场经济条件下保护存款人利益的重要举措，是金融安全网的重要组成部分，对深化金融改革，维护金融稳定，促进中国金融体系健康发展起到重要作用。银监会目前正在起草《商业银行破产风险处置条例》，该条例的起草将根据全球金融稳定理事会（Financial Stability Board）《金融机构有效处置核心要素》的相关要求，充分考虑风险处置中与国际掉期与衍生工具协会（International Swaps and Derivatives Association）协议相关的暂缓金融衍生品合同的终止净额结算权力，为快速、有序处置危机银行提供充分保障。

尤值得一提的是，2017年7月14日至15日在北京召开的全国金融工作会议上，习近平总书记发表重要讲话，强调要坚定深化金融改革。设立国务院金融稳定发展委员会，强化人民银行宏观审慎管理和系统性风险防范职责。① 金融稳定发展委员会在一定程度上使此前的监管竞争转变为监管的协调，进一步有利于防范系统性金融风险。

（二）促进传统金融业创新与放开

法治是对行业、产业发展最强有力的保障，强调发展的合规律性、客观性与本土路径是重中之重，同时在制定法层面以及政策层面赋予其效力，并固定为必须遵守之规则，是法治之于行业发展的贡献与影响力量。近年来，金融行业意在促进传统金融业的发展与创新，通过修改重要法律、颁布重要法规与政策，全方位为金融业发展保驾护航。

2015年全国人大修改《商业银行法》，该次修改是自该法2003年颁布以来第一次大修，尤其是删除第39条中的"贷款余额与存款余额的比例不得超过百分之七十五"、第75条中的"存贷比例"。在一定程度上，提高了银行的放贷规模，在贷款需求比较大时，对银行有积极影响。

2017年9月30日，中国人民银行宣布对普惠金融实施定向降准政策，并从2018年起实施。央行有关负责人表示，对普惠金融实施定向降准政策并不改变稳健货币政策的总体取向，该政策建立了增加普惠金融领域贷款投放的正向激励机制，有助于促进金融资源向普惠

---

① 《习近平提出设立一个重磅委员会将起到什么作用？》，http://www.china.com.cn/news/2017-07/17/content_41226326.htm，访问时间：2017年9月28日。

金融倾斜，优化信贷结构，这属于一种结构性的政策。下一步，人民银行将继续实施稳健中性的货币政策，引导货币信贷和社会融资规模平稳适度增长，为经济稳定增长和供给侧结构性改革营造良好的货币金融环境。①

(三) 金融创新的风险防范

近年来中国互联网技术蓬勃发展，以互联网技术为依托的新型金融业态也在不断产生并迅速发展，比如股权众筹、P2P 网贷等，但由于发展迅速又存在"监管真空"，因此近年来互联网金融成为较为集中的高风险领域。对互联网金融如何规制，成为近年来监管的重点与难点问题。

2015 年 7 月，中国人民银行等十部门发布《关于促进互联网金融健康发展的指导意见》，其中对互联网支付、网络借贷、股权众筹融资、互联网基金销售、互联网保险、互联网信托和互联网消费金融进行了规定。近些年互联网金融发展迅速，这些金融创新对促进经济社会发展产生了积极影响，同时也存在较大风险。由于道德底线缺失，导致互联网金融已经严重异化。如较为轰动的 e 租宝事件，其他较多的 P2P 网络贷款平台也涉嫌非法集资，甚至跑路。该指导意见指出，在个体网络借贷平台上发生的直接借贷行为属于民间借贷范畴，受合同法、民法通则等法律法规以及最高人民法院相关司法解释规范。

关于股权众筹的风险防范，该指导意见指出，股权众筹融资主要

---

① 《中国人民银行有关负责人就对普惠金融实施定向降准政策答记者问》，http://www.pbc.gov.cn/goutongjiaoliu/113456/113469/3393337/index.html，最后访问时间：2017 年 10 月 1 日。

是指通过互联网形式进行公开小额股权融资的活动。股权众筹融资必须通过股权众筹融资中介机构平台（互联网网站或其他类似的电子媒介）进行。融资方应为小微企业，应通过股权众筹融资中介机构向投资人如实披露企业的商业模式、经营管理、财务、资金使用等关键信息，不得误导或欺诈投资者。投资者应当充分了解股权众筹融资活动风险，具备相应风险承受能力，进行小额投资。

长久以来一直是经济现实与司法实践中难以把握的民间借贷问题近年来也有了一定解决路径。民间借贷以前没有被认可，事实上是因为对公民的财产处置权尊重不够，导致了金融压抑的现象，特别是对公民以本求利的借贷行为没有给予充分的尊重，从而使民间金融长期处于灰色地带。① 2015年颁行的《最高人民法院关于审理民间借贷案件适用法律若干问题的规定》为实践中的民间借贷诉讼提供了裁判规范和标准，更重要的是，它使民间借贷得以在一定程度上合法化，同时又限制了最高利息。

但是，客观讲，目前中国金融立法仍滞后于金融监管的新要求，一些金融监管行为法律效力层次较低，进一步提升监管依据法律效力层次是前提和基础。金融混业经营将成为未来金融业的发展趋势，对现有的分业经营与监管体制提出挑战，功能监管与行为监管成为必然，这也将面临大量法律法规修订的问题。

---

① 吴晓灵：《玩自己的钱给他自由　玩别人的钱严加监管》，http://finance.ifeng.com/news/hgjj/20081013/177326.shtml，最后访问时间：2017年9月28日。

第 六 章

社会法治：解民生之多艰

中国的社会法治建设是与经济、政治、文化和生态文明法治建设并列的五位一体法治建设重要组成部分，定位于保护公民的社会权利，通过法治途径调整政府与社会、政府与公民关系，促进社会保险、社会救助、社会优待与抚恤、促进就业、弱势群体保护、慈善等制度建设，以解决社会问题，维护整个社会安全网的正常运行，保障全社会的健康可持续运行与发展。为落实好社会法，国家在行政机构的设置架构上给予了充分考虑。在中央层面，国务院人力资源和社会保障部负责全国的社会保险法律法规的执行工作[1]，民政部统筹全国社会救助法律制度、慈善法律制度、福利法律制度的执行实施，全国社会保障基金理事会负责社保基金的投资运营[2]。卫生计生[3]、教育、住房城乡建设、财政、审计、税务等部门，则按照各自职责负责相应

---

[1] 其中，城镇职工和城镇居民基本医疗保险、生育保险职责，已在2018年机构改革之后转入新组建成立的国家医疗保障局。

[2] 在2018年机构改革之后，全国社会保障基金理事会由国务院管理调整为由财政部管理，且不再明确行政级别。

[3] 在2018年机构改革之后，其社会法相关主要职责，由新组建的国家卫生健康委员会来实施。

的社会法律的管理、实施等工作。① 在地方层面,地方的社会保险主管部门、民政部门、税务等机关各负其责②,乡镇政府、街道办事处也承担部分职能。除了这些行政机关之外,工会、妇联、残联、青年团等人民团体、社会团体,村民委员会、居民委员会等基层自治组织也承担了社会法实施的部分功能。

改革开放以来,中国社会领域全面深刻变革进入新时期,社会法体系逐步进入定型、稳定、持续发展的新阶段。社会立法及其实施,为中国社会建设提供扎实的法治支撑。2012年以来城乡居民收入增速超过经济增速,中等收入群体持续扩大。覆盖城乡居民的社会保障体系基本建立,人民健康和医疗卫生水平大幅提高,保障性住房建设稳步推进。从2013年至2018年,脱贫攻坚取得决定性进展,贫困人口减少6800多万人,贫困发生率由10.2%下降到3.1%。社会养老保险覆盖9亿多人,基本医疗保险覆盖13.5亿人,组成了世界上最大的社会保障网。③ 2016年11月,中华人民共和国政府被国际社会保障协会(ISSA)第32届全球大会授予"社会保障杰出成就奖"(2014—2016),这项重要的国际荣誉不仅体现了国际社会对中国社会

---

① 需说明的是,2018年3月国务院实施机构改革。与社会法治实施密切相关者包括:组建退役军人事务部,之前民政部的退役军人优抚安置职责,人力资源和社会保障部的军官转业安置职责被纳入在内;组建国家卫生健康委员会,作为国务院组成部门,国家卫生和计划生育委员会不再保留;组建国家医疗保障局,之前人力资源和社会保障部的城镇职工和城镇居民基本医疗保险、生育保险职责,国家卫生和计划生育委员会的新型农村合作医疗职责,国家发展和改革委员会的药品和医疗服务价格管理职责,民政部的医疗救助等职责被整合纳入;组建应急管理部,灾害救助职责由其承担。

② 在2018年机构改革之后,基本养老保险费、基本医疗保险费、失业保险费等各项社会保险费征缴从各地迥异的税务机关或社会保险经办机构征收,交由税务部门统一征收。

③ 数据参见《政府工作报告——2018年3月5日在第十三届全国人民代表大会第一次会议上》。

保障建设取得成效的认可,也意味着中国社会保障制度改革与建设的经验必将对世界其他国家产生积极影响。党的十九大报告要求加强社会保障体系建设,要求"建成覆盖全民、城乡统筹、权责清晰、保障适度、可持续的多层次社会保障体系"。社会治理体系更加完善,社会大局保持稳定,国家安全全面加强。

◇ 一 中国社会法治概况

近年来,中国社会法治制度建设成效斐然,已出台法律20多部,行政法规40多部,部门规章、地方立法更是蔚为大观。总体上,社会法的基本架构初步成形,法律实施也日渐强化有效。具体成果按照不同领域分述如下。

(一) 社会保险

1951年颁布的《劳动保险条例》是新中国第一份正式的社会保险法律文件。改革开放以后,特别是21世纪以来,社会保险制度进入快速改革期。2010年《社会保险法》出台后,国务院和相关部门已制定出台超过40项的配套法规、规章和政策文件,为社会保险制度进一步完善夯实基础。

养老保险制度全面建立。2011年启动的城镇居民养老保险试点,与之前开展的农村居民养老保险一起,实现了养老保险对城乡居民的全覆盖;到2014年,城乡居民基本养老保险制度并轨,统一后的居民养老保险成为多层次养老保险体系的重要组成部分。截至2013年年底,全国31个省、自治区、直辖市和新疆生产建设兵团均已建立起基本养老保险省级统筹制度。①

特定群体基本养老保险制度稳步推进。《公务员法》中明确规定"国家建立公务员保险制度",但中国公务员社会保险制度长期地方试点,全国统一的制度建设迟迟未能启动。2015年1月,国务院发布《关于机关事业单位工作人员养老保险制度改革的决定》,在全国层面启动机关事业单位养老保险制度改革,在党政机关、事业单位建立与企业相同的基本养老保险制度。机关与事业单位同步改革,职业年金与基本养老保险同步建立,养老保险制度改革与完善工资制度同步推进,待遇调整机制与计发办法同步改革,各项改革措施在全国范围内同步实施。2012年4月,《军人保险法》通过,由此军人保险制度正式全面建立并具有法律层面的强制效力和制度保障。发展至今,中国军人保障体系包括军人保险、军人抚恤、军人职业福利、退役军人就业保障、其他面向军人本人及其家属的福利等。2015年,《关于军人退役基本养老保险关系转移接续有关问题的通知》和《关于军人职业年金转移接续有关问题的通知》发布,明确由军人各级后勤机关财务部门负责军人退役基本养老保险关系的建立、转移,以及基本养老保险补助的计算、审核、划转工作。

基本医疗保险制度日益完善。中国自1952年以后,确立起公费医疗制度。改革开放以后,为适应市场经济发展需要,自1998年起建立起城镇职工基本医疗保险制度,要求城镇所有用人单位及其职工均要参保。中国于2003年和2007年,针对农村人口、城镇非就业人口分别建立起新型农村合作医疗制度、城镇居民基本医疗保险制度。

---

① 参见人力资源和社会保障部《2013年度人力资源和社会保障事业发展统计公报》,http://www.mohrss.gov.cn/SYrlzyhshbzb/zwgk/szrs/tjgb/201405/t20140529_131147.html,最后访问日期:2017年5月20日。

这两项制度对于满足群众基本医疗需求，提高全民健康水平发挥了重要作用。但在实施中两项制度分割的负面作用逐渐显现，重复参保、重复投入、待遇不均等问题日益严重。为此，一些地方推进制度整合，地方探索为全国范围制度整合提供了有益借鉴。2016年国务院印发《关于整合城乡居民基本医疗保险制度的意见》，将城镇居民基本医疗保险制度和新型农村合作医疗制度予以整合，建立起统一的城乡居民基本医疗保险制度，由此看病报销不再区分"城里人""农村人"，城乡待遇趋于一致，医疗保障制度更加公平。2012年，针对基本医疗保险下参保人的大病负担重问题，国家发改委等六部委联合颁布《关于开展城乡居民大病保险工作的指导意见》，中国建立大病保险制度。2014年8月，人力资源和社会保障部印发《关于进一步加强基本医疗保险医疗服务监管的意见》，将医务人员纳入监管对象之列，有利于克服近年来医保领域违规支出、骗取套取医保基金等突出问题。2018年3月，国家组建国家医疗保障局，以往分散在人力资源和社会保障、卫生计生、民政等多个部门的医疗保障职责统一由该局行使。按照中央文件要求，该局负责拟订医疗保险、生育保险、医疗救助等医疗保障制度的政策、规划、标准并组织实施，监督管理相关医疗保障基金，完善国家异地就医管理和费用结算平台，组织制定和调整药品、医疗服务价格和收费标准，制定药品和医用耗材的招标采购政策并监督实施，监督管理纳入医保支出范围内的医疗服务行为和医疗费用等。

失业保险制度功能显著扩展。党的十八大报告提出增强失业保险促进就业的作用，党的十八届三中全会进一步明确要增强失业保险制度预防失业、促进就业的功能。2014年11月，人社部等部委印发《关于失业保险支持企业稳定岗位有关问题的通知》，对于在调整优化产业结构过程中采取有效措施不裁员、少裁员、稳定就业岗位的企业,由失业保险基金给予稳定岗位补贴。稳定岗位补贴用于职工生活补助、缴纳社会保险费、转岗培训、技能提升培训等支出,采取一年一补的方法,每年申报发放一次。2017年,人社部、财政部下发《关于失业保险支持参保职工提升职业技能有关问题的通知》,明确了参加失业保险的职工领取技能提升补贴的条件、审核、标准、监督等制度安排,有利于激励劳动者提升技能、提高就业竞争力,增强就业稳定性,缓解就业结构性矛盾,进而降低失业风险。

社会保险经办管理走向标准化。自2010年《关于开展社会保险标准化工作的指导意见》(人社厅发〔2010〕41号)发布后,社会保险标准制定工作有序推进。随着标准发布的不断丰富,社会保险标准化工作从制定转为制定与贯彻实施并重。2015年人社部出台《关于推进社会保险标准贯彻实施工作的意见》(人社部发〔2015〕63号),要求到2017年,在省、地市及试点县的社会保险经办机构,逐步实现标准实施的统一业务术语,统一服务形象,统一服务流程。在社会保险各项险种中,标准化推进也亮点多有。2014年,人力资源和社会保障部、国家卫生和计划生育委员会、国家标准化管理委员会下发一系列文件,颁布《工伤职工劳动能力鉴定管理办法》,修订发布《劳动能力鉴定职工工伤与职业病致残等级》国家标准,颁布《工伤保险职业康复操作规范(试行)》,工伤管理标准化得到进一步推进。人力资源和社会保障部、住房城乡建设部、安监总局、全国总工会印发《关于进一步做好建筑业工伤保险工作的意见》,针对建筑行业特点,从改进参保方式、加大参保推进力度、扩展参保覆盖面、明确缴费资金来源、完善征缴方式、科学确定缴费费率、简化工伤认定和劳动能力鉴定流程、确保待遇支付等方面完善相关制度，为推进建筑业企业参加工伤保险打下制度基础。

社保基金监督管理运行迈向法治化。社会保险基金是确保社会保险制度有效运行的物质基础。2016年，国务院公布《全国社会保障基金条例》。全国社会保障基金作为国家社会保障储备基金，其来源包括中央财政预算拨款、国有资本划转、基金投资收益和国务院批准的其他方式筹集资金；在属性上全国社会保障基金财产独立于全国社会保障基金理事会、投资管理人、托管人的固有财产，也独立于投资管理人投资和托管人保管的其他财产，在法律层面为保障基金安全构筑起严密的防火墙；在运营上，要求在保证安全的前提下实现保值增值；在监管上，规定审计署每年对基金进行审计，其结果向社会公布，并通过其官方网站（http：//www. ssf. gov. cn/）、全国范围内发行的报纸每年向社会公布基金的收支、管理和投资运营情况，以接受社会各界的监督。该法规明确任何单位和个人不得侵占、挪用或违规投资运营全国社会保障基金。

基金投资走向制度化。2015年8月，国务院颁布《基本养老保险基金投资管理办法》，秉持养老保险基金投资的市场化、多元化和专业化原则，实行中央统一集中运行、市场化投资运作方式，由省级政府将投资运营的养老基金归集到省级社会保障基金专户，统一委托给国务院授权的养老基金专业管理机构进行投资运营。为确保养老基金资产的安全，办法明确了委托人、受托人、托管人和投资管理人的权利责任并建立起相互制衡的机制。办法还明确养老基金资产的独立性，独立于委托人、受托人、托管人、投资管理人的固有财产和管理的其他财产，并禁止将养老基金资产纳入其固有财产。为加强社会保障基金管理和监督，理顺职责关系，保证基金安全和实现保值增值目标，2018年的机构改革将全国社会保障基金理事会由国务院管理调整为由财政部管理，承担基金安全和保值增值的主体责任，作为基金投资运营机构，不再明确行政级别。

除制度建设带来的体系完备以外，社会保险制度取得的突出成就还表现在以下两方法。

其一，社会保险费率标准更加合理。2015年到2017年，人社部、财政部连续发布调整失业保险费率的政策文件，将失业保险费率从3%阶段性下调至1%。[①] 2015年7月，人社部、财政部发布《关于调整工伤保险费率政策的通知》，将工伤保险费率予以下调，行业工伤风险划分为一类至八类。时至2019年，社会保险单位缴费比例稳步有序下调。社会保险费率的适时调整，有利于减轻参保企业、个人的负担，也是完善社会保险制度、健全费率动态调整机制的重要举措。

其二，历史遗留问题大部分得到化解。《社会保险法》出台后，国家已全面解决了312万国有企业老工伤问题，集中解决了500万未参保集体企业职工、"五七工"、"家属工"的养老保障问题，596万关闭破产国有企业退休职工的医保问题，以及200多万其他关闭破产企业退休人员和困难企业职工医保等问题。

（二）社会救助

社会救助是整个社会法治体系中最基本、历史最悠久的制度安

---

① 参见《人力资源社会保障部 财政部关于阶段性降低失业保险费率有关问题的通知》（人社部发〔2017〕14号）、《人力资源社会保障部 财政部关于阶段性降低社会保险费率的通知》（人社部发〔2016〕36号）等文件。

排。社会救助保障底线公正，其制度建设和实施水平反映出国家对民生的最低责任乃至全社会的良知。中国共产党和中央人民政府有着高度重视社会救助的优良传统，坚持投入大量人力、物力来保护那些生活困难的群体。

2014年国务院颁布行政法规《社会救助暂行办法》，这是中国第一部统筹各类社会救助项目的中央行政法规。该办法明确了中国社会救助"托底线、救急难、可持续"的制度原则，规定中国社会救助项目包括最低生活保障、特困人员供养、医疗救助、教育救助、住房救助、就业救助、临时救助和灾害救助等，并以增强城乡一体化为重要目标。

在最低生活保障方面，2012年国务院印发《关于进一步加强和改进最低生活保障工作的意见》（国发〔2012〕45号），民政部、财政部共同制定《城乡最低生活保障资金管理办法》（财社〔2012〕171号），对城乡低保资金的筹集、分配、发放、监督等做出明确规定。同年，民政部制定《最低生活保障审核审批办法（试行）》，使得低保审核流程更加规范。在此基础上，许多地方开展积极探索。比如，浙江省建立起社会救助审批回避制度，天津市则健全人户分离家庭低保待遇审批机制，重庆市实施城乡低保定期公示入户，吉林省全面推行"两级管理、三级联审、一厅式服务"的低保审批管理模式。

在医疗救助方面，2012年，民政部、财政部等部门出台《关于开展重特大疾病医疗救助试点工作的意见》，开展困难群众重特大疾病医疗救助试点。对于符合条件的罹患重特大疾病的困难群众给予重特大疾病医疗救助。2015年发布的《国务院办公厅转发民政部等部门关于进一步完善医疗救助制度全面开展重特大疾病医疗救助工作意见的通知》（国办发〔2015〕30号），将城市医疗救助制度和农村医疗救助制度合并实施，整合为城乡医疗救助制度。在对象上，最低生活保障家庭成员和特困供养人员是重点群体，并将低收入家庭的老年人、未成年人、重度残疾人和重病患者等困难群众，以及其他特殊困难人员逐步纳入救助范围。在救助方式上包括门诊救助和住院救助。门诊救助的重点对象是因患慢性病需要长期服药或患重特大疾病需要长期门诊治疗，导致自付费用较高的人群。住院救助的重点对象是在定点医疗机构发生的政策范围内住院费用中，对经基本医疗保险、城乡居民大病保险及各类补充医疗保险、商业保险报销后的个人负担费用较高的人群。

在教育救助方面，接受教育是宪法赋予公民的基本权利，然而受到家庭经济状况、自身残疾等因素影响，现实中还存在适龄学生辍学的现象。2015年《中共中央、国务院关于打赢脱贫攻坚战的决定》要求让贫困家庭子女能够接受公平有质量的教育，阻断贫困代际传递。除此之外，为保障接受教育的基本权利，有必要对贫困人口实施教育救助。《社会救助暂行办法》明确国家对在义务教育阶段就学的最低生活保障家庭成员、特困供养人员给予教育救助，对于在高中教育（含中等职业教育）、普通高等教育阶段就学的最低生活保障家庭成员、特困供养人员，以及不能入学接受义务教育的残疾儿童，根据实际情况给予适当的教育救助。在给付方式上，根据不同教育阶段的需求，分别采取费用减免、发放助学金、给予生活补助、安排勤工助学等方式实施，保障困难学生基本学习、生活需求。

临时救助是国家对遭遇突发事件、意外伤害、重大疾病或其他特殊原因导致基本生活陷入困境，其他社会救助制度暂时无法覆盖或救助之后基本生活暂时仍有严重困难的家庭或个人给予的应急性、过渡性的救助。建立临时救助制度对于填补社会救助体系空白，确保社会救助安全网网底不破具有重要意义。在临时救助方面，在《社会救助暂行办法》的基础上，国务院于2014年10月印发《关于全面建立临时救助制度的通知》，明确由国务院民政部门统筹全国临时救助制度建设，在实施上由各级地方政府负责，做到应救尽救，及时救助，适度救助，以解决群众突发性、紧迫性、临时性的生活困难。

特困人员救助供养，是针对无劳动能力、无生活来源、无法定赡养扶养义务人，或者法定义务人无履行义务能力的老年人、残疾人和未满16周岁的未成年人实施的救助制度。中国的特困人员救助供养是对以往农村五保、城市"三无"人员供养①等制度的发展。全国现有城乡特困人员约591万人。2016年，国务院印发《关于进一步健全特困人员救助供养制度的意见》，将符合条件的特困人员全部纳入救助供养范围，做到应救尽救、应养尽养。其救助供养分为基本生活和照料护理两大部分。保障项目包括粮油、服装、零用钱等基本生活保障，以及疾病治疗、殡葬等服务。保障所需资金列入财政预算。为做好与其他保障制度的衔接，意见明确上述特困人员可同时享受城乡居民基本养老保险、基本医疗保险等福利待遇，但不再适用最低生活保障。

（三）社会福利

中国社会福利法律体系初步健全且日益完善。三大权益保护法（即《老年人权益保障法》《残疾人保障法》《未成年人保护法》）的通过实施，成为社会福利法律制度的基石。配套法律、法规、政策体

---

① 城市"三无"人员供养是指城市非农业户籍的无劳动能力、无生活来源且无法定赡养、抚养、扶养义务人，或者其法定赡养、抚养、扶养义务人无赡养、抚养、扶养能力的老年人、残疾人以及未满16周岁的未成年人。

系也逐步健全充实。

为应对老年化上升为国家的长期战略任务,《老年人权益保障法》于2012年12月修订通过,并于2015年4月第二次修订。两次法律修改增加了社会优待、宜居环境建设等内容。之后,江苏、山东、陕西、湖南、吉林、甘肃、安徽、上海、江西、山西、辽宁等十多个省、直辖市修订了当地的老年人权益保障法规。

随着社会经济的飞速发展,农民工频繁流动,而流入地对外来人口子女教育医疗保障制度发展不同步,农村地区广泛存在的"留守儿童"现象引起社会关注,留守儿童处于缺乏父母关爱和有效监护的状态,社会上甚至出现了严重损害留守儿童生命健康权益的恶性案件。对此,国务院专门印发《关于加强农村留守儿童关爱保护工作的意见》,明确和强化基层乡镇政府和村(居)委员会的职责。该意见要求村(居)委员会定期走访、全面排查,及时掌握农村留守儿童的家庭情况、监护情况、就学情况等基本信息,并向乡镇人民政府(街道办事处)报告;要求乡镇人民政府(街道办事处)建立农村留守儿童信息台账,一人一档案并实施动态管理。该意见还要求通过党员干部上门家访、驻村干部探访、专业社会工作者随访等方式,对重点对象进行核查,确保留守儿童得到妥善照料。鉴于留守儿童问题的根源在于作为父母的外来务工人员与作为子女的儿童在空间上的分离,该意见还明确要求农民工流入地政府为农民工家庭在落户、住房保障、照料、就学等方面提供更多帮扶支持,上述措施有助于留守儿童问题的彻底解决。

近年来,中国儿童权益保障水平不断提高,生存发展环境显著优化。但也存在一些问题,有些儿童因家庭贫困、自身残疾或缺乏有效监护等原因陷入生活困境。困境儿童包括因家庭贫困导致生活、就学、就医等困难的儿童；因自身残疾导致康复、照料、护理和社会发展等困难的儿童；以及因家庭监护缺失或监护不当遭受虐待、遗弃、意外伤害、不法侵害等人身安全受到威胁或侵害的儿童。为加强其保障工作，国务院下发《关于加强困境儿童保障工作的意见》（国发〔2016〕36号），从保障基本生活、保障基本医疗、强化教育保障、落实监护责任、加强残疾儿童福利服务五个方面建立健全相关机制。针对儿童福利的基层工作力量薄弱、体系不健全、部门协作欠缺等现实问题，该意见明确了县级人民政府、乡镇人民政府（街道办事处）、村（居）民委员会在困境儿童保障方面的职责，并设置儿童福利督导员（儿童权利监察员）；在部门协作方面，要求民政、妇儿工委牵头，会同教育、卫生计生、人力资源和社会保障、公安等机关共同做好困境儿童保障工作，并建立起"一门受理、协同办理"机制，具有较强的可操作性。由此，儿童福利的制度化与类型化，从孤儿、弃婴向社会困境儿童拓展，有利于实现困境儿童的兜底保障与精准帮扶。

民政部、财政部下发《关于发放艾滋病病毒感染儿童基本生活费的通知》等一系列文件，将艾滋病病毒感染儿童纳入基本生活保障范围，并稳步推进无人抚养儿童、单亲家庭儿童、服刑人员未成年子女、重残家庭未成年子女等困境儿童保障制度。

全国现有残疾人总数约8500万人，如何保障其受教育权、就业权等合法权益是中国社会法治建设的重要任务。1994年颁布施行的《残疾人教育条例》在当时历史背景下对于保障残疾人受教育权以及发展残疾人教育事业发挥了重要作用。但发展至今，残疾人教育与其他教育相对仍比较薄弱。特殊教育资源不足、分布不均，教育教学规范度不高、教育质量有待提升，保障支持不到位，教育理念相对滞后等问题制约残疾人受教育权保障的水平。对此，《残疾人教育条例》

从残疾人教育的发展目标和理念、入学安排、教学规范、教师队伍建设、保障支持等方面进行了修改完善。修改后的《残疾人教育条例》将近年来促进残疾人教育事业发展的政策文件上升为法律制度，在统筹规划、合理配置特殊教育资源的基础上，完善残疾人入学安排，规范教育教学活动。在保障支持方面，将残疾人教育所需经费纳入本级政府预算，并明确规定残疾人就业保障金可按规定用于特殊教育学校开展职业教育；要求学校按照国家有关规定对经济困难的残疾学生减免学费和其他费用并优先给予补助。

中国政府历来高度重视残疾预防工作，并持续推动制定完善残疾预防相关法规政策，一些做法成效显著。自1988年起，残疾人康复工作开始纳入国民经济和社会发展规划，中国连续制定实施了5个残疾人事业五年发展规划和配套康复工作实施方案。截至2015年年底，国家已为2797万残疾人提供基本康复服务。① 在总结已有做法经验基础上，针对现阶段面临的挑战，国务院于2017年出台行政法规《残疾预防和残疾人康复条例》，明确了残疾预防工作应当覆盖全人群和全生命周期，以社区和家庭为基础，普遍预防和重点防控相结合。在制度安排上，明确县级以上人民政府领导残疾预防工作，对有关部门承担的有关工作考核监督；强化监测和信息整合，定期调查残疾状况，对主要致残因素实施动态监测；明确部门分工协作，卫生计生、教育、民政、残联等有关部门各司其职等。

在社会福利领域，还值得一提的是国家生育政策走向完善。从1971年国务院批转《关于做好计划生育工作的报告》，强调"要有计

---

① 参见《完善预防机制 提升康复能力——中国残联康复部主任胡向阳解读〈残疾预防和残疾人康复条例〉》，http://www.gov.cn/xinwen/2017-02/27/content_5171461.htm#1，最后访问日期：2017年6月12日。

划生育"开始,中国生育政策就在实践中不断调整完善。2013年12月,第十二届全国人大常委会通过了国务院关于调整完善生育政策的议案,同意启动实施一方是独生子女的夫妇可以生育两个孩子的政策。2015年12月,中国修改《人口与计划生育法》,为促进人口均衡发展,积极开展应对人口老龄化行动,全面实施一对夫妇可生育两个孩子政策。

(四)慈善及其他

近年来,中国慈善事业发展迎来空前机遇。2014年年底,国务院下发《关于促进慈善事业发展的指导意见》,肯定了慈善事业在中国社会领域所发挥的积极作用,提出要鼓励和支持以扶贫济困为重点的慈善活动,培育和规范各类慈善组织。作为国家层面第一个专门促进和规范慈善事业的中央文件,具有强烈的宣示意义和现实作用。

2016年《慈善法》由第十二届全国人大第四次会议审议通过,作为一部由全国人大出台的基础性法律,构建起慈善领域的基本制度,慈善事业的体制机制得到健全。该法作为社会领域的重要法律,慈善制度的基础性法律,其出台实施标志着中国慈善事业迈入法治化轨道。该法明确了"大慈善"的概念范畴,涵盖扶贫、济困、扶老、救孤、恤病、助残、优抚、救灾等领域的公益行动,又将促进科教文卫体育发展、防止污染和其他公害,保护和改善生态环境等活动在内的公益活动纳入其中,大大拓宽了慈善事业的发展空间;在慈善组织的成立方面确定了直接登记认定的原则;对慈善公开募捐特别是网络募捐予以适当规制;将股权、房屋、知识产权等纳入慈善捐赠客体中,较为全面地规定了慈善税费减免,扫除了慈善事业发展的政策障碍。同时,《慈善法》专章规定了慈善信托,慈善信托的制度瓶颈得到一定突破。如明确慈善信托属于公信信托,其主管部门为民政部门;慈善组织、信托公司可以担任慈善信托的受托人;在设立门槛上从审批制改为备案制;信托监察人从必须确定改为委托人根据需要自行确定;慈善信托的税收优惠、法律责任也有所规定。

2017年2月,《红十字会法》修订通过。这是该法自1993年颁布实施20多年以来的首次修订,是中国红十字事业发展史上的一件大事,对于中国红十字事业的健康发展具有重大现实意义。在职责上,中国红十字会的主要工作原来通常被总结为"三救",即救助、救护、救援;修订后的法律将无偿献血、遗体与人体器官捐献、造血干细胞捐赠等"三献"工作作为红十字会的重要工作,纳入法治化轨道。在治理结构上,要求各级红十字会设立理事会、监事会,形成理事会、执委会和监事会权责分开的新型治理结构。"经费与财产"一章改名为"财产与监督",从理念和具体制度上加强了对红十字会财产的监督。比如,要求红十字会建立财务管理、内部控制、审计公开和监督检查制度。要求及时聘请依法设立的独立第三方机构,对捐赠款物的收入和使用情况进行审计,审计结果向红十字会理事会和监事会报告,并向社会公布;要求红十字会建立健全信息公开制度,在统一信息平台上及时向社会公布捐赠款物的收入及其使用情况,接受社会监督;要求红十字会财产的收入、使用情况依法接受审计等部门的监督。由此,红十字会的监督制度得到完善。新设"法律责任"一章,对红十字会及其工作人员应承担法律责任的情况及其后果予以明确,并将对红十字会的名誉、品牌标志、财产等合法权益起到更好的保护作用。

◇◇ 二 中国社会法治取得的成效

在党和政府高度重视社会建设、社会治理与全面依法治国的背景下，中国社会法治建设取得丰硕成效，突出表现在以下方面。

（一）保障水平不断提高

社会保障法律制度作为社会法的主体部分，其发展水平是反映一国社会法状况的晴雨表。正如国际社会保障协会在为中国政府颁发"社会保障杰出成就奖"所赞誉的，2008—2015年，中国政府社会保障投入每年增长20%，养老保险覆盖面平均增长率为27.7%，医疗保障覆盖面已达总人口的95%左右。① 截至2017年第一季度末，中国城镇职工基本养老保险参保人数已达到3.83亿人，城乡居民基本养老保险参保人数达到5.08亿人，而医疗保险参保人数则接近10.12亿人。

社会保险待遇水平逐年上调。从2005年起退休人员基本养老金连续多年上调，国务院在2017年的《政府工作报告》中提出"继续提高退休人员基本养老金，确保按时足额发放"，2018年的《政府工作报告》再次提出"继续提高退休人员基本养老金和城乡居民基础养老金"，2019年政府工作报告又予重申。由此，中国企业退休人员的基本养老金标准已经实现了"十四连涨"，不仅有效改善了企业退休

---

① 参见《人力资源社会保障部就中国政府获"社会保障杰出成就奖"举行吹风会》，http://www.gov.cn/xinwen/2016-12/13/content_5147531.htm#1，最后访问日期：2017年6月14日。

人员的生活水平，而且企业与机关事业单位离退休人员的待遇差距大幅缩减，基本养老制度的公平性得到提升。当然，在肯定基本养老金标准上涨正面意义的同时，未来中国政府还将综合考核物价上涨、在岗职工工资等因素，逐步建立起科学化、制度化的基本养老金调整机制。

社会领域基本公共服务迈向均等化。国务院于 2015 年出台的行政法规《居住证暂行条例》，在对户籍制度未做根本改变的前提下，使得不具备户籍但常住人口尽可能享受与当地户籍人口相近乃至相同的待遇。由此，以"居住证"替代"暂住证"，此举意味着对于非本地户籍的常住人口，政府从管理模式转换为服务模式。具体做法是突出居住证的赋权功能，突出政府及相关部门的服务职责，在明确居住证性质和申领条件的基础上，为居住证持有人提供基本公共服务和便利，包括义务教育、基本公共就业服务等基本公共服务和办理出入境证件、机动车登记等便利；二是通过梯度赋权机制要求各地积极创造条件，逐步扩大向居住证持有人提供公共服务和便利的范围，提高服务标准，并定期向社会公布；三是明确持证人申请登记居住地常住户口的衔接通道及各类城市确定落户条件的标准。一些地方积极推进基本公共服务的均等化，如广州市政府通过《广州市来穗人员融合行动计划（2016—2020 年）》，将会使广州市服务管理来穗人员的工作形成比较完整、系统的体系。

（二）监督体系日渐完善

政府主导是中国社会保障的重要特征。从政策治理走向依法治理，是中国社会领域的重要模式转型，各项制度建设改革纳入法治轨道，人大主导的改革、监督日渐强化。从以下典型例证中得到充分体现。

开展生育保险和职工基本医疗保险合并实施的改革试点，由于突破了《社会保险法》的相关规定，国务院提请全国人大常委会在试点期间试点地区暂时调整实施相关法律。第十二届全国人大常委会第二十五次会议通过《关于授权国务院在河北邯郸市等 12 个生育保险和基本医疗保险合并实施试点城市行政区域暂时调整实施〈中华人民共和国社会保险法〉有关规定的决定》。该授权决定的启动、做出和实施，充分表明社会保障制度改革走向法治轨道。

2013 年 3 月，财政部在第十二届全国人大一次会议上报送了社会保险基金预算，首次将社会保险基金纳入中央预算口径管理，接受国家最高权力机关的监督。2014 年 12 月，第十二届全国人大常委会第十二次会议举行联组会议，审议国务院关于统筹推进城乡社会保障体系建设工作情况的报告，并就如何增强养老保险基金可持续性、强化养老保险制度顶层设计、推动基本养老保险全国统筹、渐进延迟退休年龄等议题开展专题询问。专题询问作为中国权力机关依法履行对"一府两院"工作监督职责的重要方式，有利于中央关于社会保障事业决策的最终落实。

（三）配套制度同步推进

中国社会法的"软法"之名由来已久，法律实施效果差成为制约法治效果的瓶颈。近年来，社会法各个领域推进法律责任、配套制度建设，积极与刑法对接，明确法律责任措施，推动处罚结果的公开公示，为社会法"装上了牙齿"。

2014 年，全国人大常委会发布《关于〈中华人民共和国刑法〉第二百六十六条的解释》，明确规定以欺诈、伪造证明材料或其他手段骗取养老、医疗、工伤、失业、生育等社会保险金或其他社会保险待遇的，属于《刑法》第266条上的诈骗公私财物的行为。这为打击骗保违法犯罪行为、维护社会保险基金安全提供了刑法依据。2018年7月，最高人民检察院在《最高人民检察院关于贪污养老、医疗等社会保险基金能否适用〈最高人民法院最高人民检察院关于办理贪污贿赂刑事案件适用法律若干问题的解释〉第一条第二款第一项规定的批复》中明确，养老、医疗、工伤、失业、生育等社会保险基金可以认定为《最高人民法院、最高人民检察院关于办理贪污贿赂刑事案件适用法律若干问题的解释》第一条第二款第一项规定的"特定款物"。由此，贪污社会保险基金的行为，被纳入办理贪污刑事案件且"其他较重情节"的打击范围。人力资源和社会保障部会同公安部发布《关于加强社会保险欺诈案件查处和移送工作的通知》，为社会保险违法行为构成犯罪的查处移送标准、流程提供明确依据。2016年9月，人力资源和社会保障部公布《重大劳动保障违法行为社会公布办法》，该办法的实施有利于加大劳动社会保障方面的违法成本，强化社会监督，倒逼用人单位遵守劳动、社会保险法律法规。

一个值得关注的现象是，与以往社会立法广泛存在的"一立了之"配套机制缺乏形成鲜明对比，近年来社会立法的配套制度建设效果显著。例如，2013年修订后的《老年人权益保障法》正式实施，该法的两部配套性部门规章《养老机构设立许可办法》和《养老机构管理办法》同步施行，对于法律落地有着积极意义。再如，2016年《慈善法》出台后，为完善慈善法律制度，民政部及相关部门已出台一系列规章、规范性文件作为配套，以使得其良法美意最终落地。为做到与《慈善法》的衔接，民政部出台《慈善组织认定办法》，下发《关于慈善组织登记等有关问题的通知》。鉴于《慈善法》关于公开募捐的规定相对较为原则、笼统，现已出台了《慈善组织公开募捐管理办法》《公开募捐平台服务管理办法》《民政部关于指定首批慈善组织互联网募捐信息平台的公告》等规章、规范性文件，慈善募捐秩序更加规范，公开募捐、网上募捐的实施更具操作性。鉴于慈善信托在《慈善法》制定过程中就受到慈善实务界和学术界的广泛关注，《慈善法》几经反复最终专章规定了慈善信托，民政部、中国银行业监督管理委员会联合下发的《关于做好慈善信托备案有关工作的通知》，为慈善信托的实施提供重要文件依据。为将慈善税收减免实施到位，民政部、海关总署联合下发《关于社会团体和基金会办理进口慈善捐赠物资减免税手续有关问题的通知》（民发〔2016〕64号），海关总署发布2016年第17号公告（关于实施《慈善捐赠物资免征进口税收暂行办法》有关事宜的公告）等文件，并废止了《财政部　国家税务总局　海关总署关于发布〈扶贫、慈善性捐赠物资免征进口税收暂行办法〉的通知》（财税〔2000〕152号）。据此，规定了捐赠人无偿向受赠人捐赠的直接用于慈善事业的物资，税收减免的对象、内容和实施办法。今后，慈善事业发展必将借法律出台和一系列利好规章政策之东风，走向健康、可持续发展。

（四）凸显民众需求导向

社会法治能否深入人心并真正落实，其重要因素在于能否克服关注社会自身建设，能否回应社会转型与社会治理中深层次的问题。近年来，中国社会法治成效的表现是回应性不断增强。

一是社会法治的阳光化建设成效显著。以社会保险为例，其信息披露制度建设有序推进，已建立起较为完整的法律制度体系。人力资源和社会保障部先后印发《政府信息公开实施办法》（人社厅发〔2010〕111号)、《关于深化政务公开的意见》(人社部发〔2013〕92号)、《人力资源社会保障部办公厅关于全面推进政务公开工作的实施意见》(人社厅发〔2017〕21号)等文件,对社会保险信息披露与政务公开工作提出要求。为更好地满足社会各界的信息诉求,2014年年底人社部印发了《关于进一步健全社会保险信息披露制度的通知》(人社部发〔2014〕82号),对新形势下开展社会保险信息披露工作做出安排部署。人力资源和社会保障部通过多种途径主动向社会公开社会保险信息。包括定期实施的新闻发布制度,每季度召开新闻发布会公布社会保险基本情况;每年公布人力资源和社会保障事业发展统计公报,编制统计年鉴和社会保障年鉴;每年组织编写中国社会保险发展年度报告,并通过专题新闻发布会向社会公布。

二是高效便民成为社会法治实施的重要取向。为减少企业登记的手续烦琐之苦,在已有全面实施的工商营业执照、组织机构代码证、税务登记证"三证合一"商事登记制度改革基础上,将社会保险登记证、统计登记证整合在内,实现"五证合一、一照一码"。为此,国务院办公厅于2016年6月专门出台了《关于加快推进"五证合一、一照一码"登记制度改革的通知》。针对社会救助领域饱受诟病的"求助无门"问题,在乡镇、街道层面推广实施"一门受理"窗口建设和"协同办理"机制。例如,以上海为代表的许多地区,推行社会事务受理服务中心模式,对近200项民生事务一门办理,就业服务、失业保险、养老保险、计划生育、居住证、社保卡等多项事务可在同一综合窗口受理办结,并开展网上排队预约、全年无休、全市通办等创新改革,为民众提供最大化的便利服务。再如,许多地方在医疗保障领域推广"一站式"即时结算机制。对于符合条件的救助对象,经基本医疗保险、城镇居民大病保险、各类补充医疗保险、商业保险报销后，对个人自付部分由医疗救助制度进行救助。具体做法是在定点医疗机构设立"一站式"即时结算窗口，救助对象发生的医疗费用在窗口通过医疗救助机制直接支付给定点医疗机构。由此，医疗救助程序得以简化，有助于更好保障城乡困难群众的健康权。

三是群众关注的问题，成为法律制度建设与攻坚克难的重点所在。党的十九大报告提出，"保障和改善民生要抓住人民最关心最直接最现实的利益问题"。一个典型例证是，《慈善法》制定工作的启动。自2008年以来，共有800多人次全国人大代表提出制定《慈善法》的议案27件，建议29件，反映了社会各方面的热切期盼。2014年全国人大内司委设立慈善立法领导小组，启动立法程序，决定将草案提请第十二届全国人民代表大会第四次会议审议，并顺利出台。再如，看病难、看病贵困扰普通大众。2016年10月，中共中央、国务院发布《"健康中国2030"规划纲要》，成为今后十多年推进健康中国的行动纲领。纲要将"以疾病治疗为中心"转变为"以促进健康为中心"的大健康观、大卫生观；明确将"全民健康"作为建设健康中国的根本目的；立足全人群和全生命周期两个着力点，突出立法和法律修订的保障作用，强化政府在健康领域的职责并建立政府监管、行业自律和社会监督相结合的监督管理体制，加强健康领域监督执法体系和能力建设。在微观层面，异地就医的结算问题受到民众的强烈关注。近年来，随着人口流动迁移的频繁化，外来务工人员、随子女异地养老的外地老人，受到统筹层次、付费方式、审核机制、报销比例等制度机制的约束，虽已在国家医疗保障体系覆盖范围之内却无法及时、有效获得医保待遇。2014年11月，人力资源和社会保障部印发《关于进一步做好基本医疗保险异地就医医疗费用结算工作的指导意见》，依托社会保险信息系统，分层次推进异地就医结算服务，实现地市域范围内就医直接结算，规范省内异地就医直接结算，完善跨省异地就业人员政策。2016年12月，人力资源和社会保障部、财政部下发《关于做好基本医疗保险跨省异地就医住院医疗费用直接结算工作的通知》，出台《基本医疗保险跨省异地就医住院医疗费用直接结算经办规程》，加快推进基本医疗保险全国联网和异地就医住院医疗费用直接结算工作。截至2016年年底，已有30个省、自治区、直辖市实现了省内异地就医持卡结算。2017年上半年，实现异地退休安置人员跨省异地就医住院费用直接结算；今后，还将实现所有符合转诊条件的人员异地就医住院费用直接结算。

四是司法机关保障力度日益强化。党的十八大以来的这五年，最高人民法院明确工伤认定标准，保护劳动者权益方面着力甚巨。各级法院推广河南、湖南、四川等地法院破解农民工讨薪难经验，依法惩处恶意欠薪行为，为农民工追回"血汗钱"294.4亿元。① 检察机关在劳动保护方面也发挥巨大作用。各级检察机关起诉拒不支付劳动报酬犯罪7957人，支持农民工起诉9176件，向有关部门发出检察建议370份，督促依法履行职责，帮助2万余名农民工追索被拖欠的劳动报酬3.4亿元。②

（五）多元共治格局初现

社会各方广泛参与，对于增强制度的科学性、合法性，都具有重要意义。在社会法领域，这首先表现在社会立法过程中的参与。由于

---

① 数据参见《最高人民法院工作报告——2018年3月9日在第十三届全国人民代表大会第一次会议上》。
② 同上。

社会立法涉及面广，易受到民众的强烈关注。例如，2012年《劳动合同法》修订时，涉及劳务派遣的条款就征集到55万条意见，创下了迄今为止人大立法征求意见的数量之最。社会立法需要特别注重公众参与，参与广泛化、深度化和有效化，成为社会各界共识和社会立法公众参与的大趋势。

在社会法实施上，从民政、人社单打独斗，逐步走向其他部门联动协同的新型格局。国务院在《关于全面建立临时救助制度的通知》（国发〔2014〕47号）中明确"县级以上地方人民政府民政部门要统筹做好本行政区域内的临时救助工作"，要求"卫生计生、教育、住房城乡建设、人力资源社会保障、财政等部门要主动配合，密切协作"。《慈善法》和《国务院关于促进慈善事业健康发展的指导意见》明确了财政、海关、税务、公安、广电、监察等机关在慈善法治实施和慈善促进中的职责。2015年，民政部、中国银监会下发《关于银行业金融机构协助开展社会救助家庭存款等金融资产信息查询工作的通知》（民发〔2015〕61号），在建立跨部门、多层次、信息共享的社会救助申请家庭经济状况核对机制方面迈出一大步，有利于通过共享银行业金融机构掌握的存款等金融资产信息来客观判断居民家庭收入、财产状况。

社会、市场力量参与社会法治的落实，也是重要发展趋势。这既有助于社会法的全面、准确实施，也有助于缓解政府过重的财政负担、经办压力。2015年民政部出台了《关于支持引导社会力量参与救灾工作的指导意见》，首次将社会力量参与灾害救助纳入政策规范。《慈善法》的公布和一系列配套法规政策的出台，将为富有爱心善意的企业、个人参与到社会建设开辟渠道。

(六) 依托互联网+效能提升

以信息化引领社会建设与社会治理现代化,是中国社会领域发展的鲜明特征。在社会法治领域,政府的信息化公共服务能力不断增强。到 2014 年年底,全国 31 个省、自治区和直辖市,以及新疆生产建设兵团均已建设统一的城乡居民养老保险信息系统。到 2017 年年底,持有全国统一社会保障卡的人数,已达到 10.88 亿人,社会保障卡普及率 78.7%。① 在社会救助信息化方面,全国救助管理信息系统已经过多次升级,全国救助寻亲网(http://xunqin.mca.gov.cn/xunqinweb/index.html)开发上线。② 截至 2015 年年底,全国低保信息系统数据采集完成比例已达到 97%。另外,2014 年 12 月 3 日,军人保险关系转移系统正式上线运行。这标志着军人退役养老保险关系转移接续实现了电子化与网络化,其转移接续办理更加顺畅。

◇◇ 三 中国社会法治的前景展望

中国社会法治的前景,机遇与挑战并存。在机遇方面,随着改革开放的深入推进,国家对社会治理、社会建设的重视日渐增强。《国民经济和社会发展第十三个五年规划纲要》以第 15 篇整篇规划"提高民生保障水平",其中第 64 章要求"改革完善社会保障制度",以 17 篇整篇设计"加强和创新社会治理"。党的十九大报告明确要求加

---

① 数据参见《2017 年度人力资源和社会保障事业发展统计公报》。
② 全国救助寻亲网旨在方便各地救助管理机构发布受助人员寻亲公告,便于寻亲家庭查找家人,协助走失人员早日返回家庭。

强社会保障体系建设，要求"完善城镇职工基本养老保险和城乡居民基本养老保险制度，尽快实现养老保险全国统筹。完善统一的城乡居民基本医疗保险制度和大病保险制度。完善失业、工伤保险制度"，"完善社会救助、社会福利、慈善事业、优抚安置等制度"，总之要"按照兜底线、织密网、建机制的要求，全面建成覆盖全民、城乡统筹、权责清晰、保障适度、可持续的多层次社会保障体系"。有理由预期，中国社会法治的制度规范、权利保障水平都将进一步完善。就挑战而言，面对中国快速出现的经济社会新常态，人口老龄化、残疾人的康复与融入等一系列问题，中国社会法治无论在立法层面、实施层面、体制机制层面均面临严峻挑战。今后的社会法治建设，应特别注重以下方面。

（一）制度建设更加公平统一

社会法面向全社会，覆盖全体社会成员，保障所有社会成员的生存权与发展权，理应坚持在法律面前人人平等，也理应不因地域、户籍、职业、性别等而有所歧视。以公平为理念修订完善已有法律制度，法律执行更加凸显公平，将是中国社会法治应注意的重点内容。公平性，是现代意义的社会保险与传统慈善、封建救助等制度在制度理念层面、制度实施层面的重要区分所在。

以往社会法治在实施过程中，特别是在社会救助领域，不同程度地受到"效率优先"观念的影响。例如，最低生活保障的审核机制、医疗保险的封顶线与起付线，对非户籍人口的排斥等，导致制度在公平性方面仍有较大提升空间。国家在一系列大政文件中提出要"逐步缩小城乡区域间基本公共服务差距""加快推进基本公共服务均等化"等目标。近年来，中国城乡社会法律制度的整合已经取得一些阶段性成果，如城乡居民基本养老保险，新型农村合作医疗与城市居民基本医疗保险逐步走向统一。但是，《社会保险法》已经明确"基本养老保险基金逐步实行全国统筹，其他社会保险基金逐步实行省级统筹"，2018年政府工作报告明确提出"建立企业职工基本养老保险基金中央调剂制度"。但是，在实践中统筹层次不高，妨碍到社会保险法律制度的统一性和公平性。以基本医疗保险为例，地市级统筹仍然普遍，且许多还处于县级统筹的层次。这既导致了各统筹单位之间报销病种、比例的差异，也导致异地就医报销难、医疗保险抗风险能力弱、流动人员参加医保积极性差等问题。

古人云：不患寡而患不均。今后，随着中国城乡一体化的快速推进等改革实施，社会法治将更加着重公平性。应打破地方本位和部门本位的藩篱，提高统筹层次。以社会保险为例，社会保险法制公平地满足社会成员的安全需求，突出表现为社会保险权益的公平性。不仅包括社会保险待遇的享受的公平性，也包括社会保险权益所负资格条件的公平性，以及社会保险义务承担（特别是缴费义务）的公平性。

（二）立法修法任务依然繁重

中国社会立法虽然在近年来取得显著成效，但仍存在诸多不足，其表现包括立法数量偏少、一些领域还存在立法空白；立法层次整体偏低，法律、法规相对稀缺，而规章、红头文件泛滥；一些法律规定过于原则笼统，"看上去很美"却无法落实；立法理念偏重管理而缺少服务，保障机制建设不足；《劳动法》《失业保险条例》等法律、法规则出台后十多年甚至二十多年未能与时俱进修订完善。正因如此，在今后相当长一段时间内，无论是填补空白还是修订旧法，中国社会立法的任务都相当繁重而艰巨。

正如《人力资源和社会保障法治建设实施纲要（2016—2020年)》指出的，在法律层面，需要修改《劳动合同法》《社会保险法》等法律，并对促进就业创业、企业工资支付保障、基本劳动标准、劳动保障监察、社会保险基金及补充保险基金监管等事项进行立法必要性和科学性论证；在配套部门规章方面，需要制定《社会保险法》《劳动合同法》《人力资源市场条例》等法律、行政法规的配套规章，还应尽快修改和废止不适应改革和经济社会发展要求的规章，加强规章实施中具体问题的解释工作。社会领域立法任务之繁重，由此可见一斑。今后中国社会领域的立法，尤其应注重以下项目。

第一，尽快将《社会救助法》制定提上议事日程。社会救助是社会保障制度的兜底制度。虽然国务院出台了综合性的《社会救助暂行办法》，但"暂行"二字决定了其内容仍具有不确定性，在法律位阶上也与已有的《城市居民最低生活保障条例》《农村五保供养工作条例》《自然灾害救助条例》等法律文件的关系模糊不清，由于同属国务院出台的行政法规，既可依新法优于旧法的原则优先适用《社会救助暂行办法》，也可依特别法优于一般法的原则优先适用其他单行、专门行政法规，这种使用上的矛盾对社会救助的制度化形成了消极影响。完善社会救助制度被明确列入党的十九大报告。因此，有必要由全国人大及其常委会出面，制定综合的基本法律——《社会救助法》。在制度构建上，社会救助对象应当从最低生活保障对象向各类低收入群体、临时陷入急难状态的群体扩展。

第二，尽快启动《社会保险法》全面修订。《社会保险法》作为中国社会法治体系中最重要的法律之一，对于促进社会保险制度完善起到重要作用。但在当前背景下以及从未来需求看，法律中不少内容已经滞后于社会保险的改革发展形势。如《社会保险法》中有明确规定的农村养老保险、城镇居民养老保险，两项制度在改革中已经合并，法律上的概念在制度实践中已不复存在；工伤保险、失业保险的积极预防功能在法律中并无体现，导致当下改革的腾挪空间受到局限；许多地方正在探索的长期护理保险对于应对人口老龄化具有积极意义，法律空白亟待填补。为此，有必要秉持顺应改革发展需求，并适度前瞻的理念，对《社会保险法》进行较为全面、彻底的大修大改，予以完善。另外还须提出，《社会保险法》诸多制度设计，由于规定得过于原则，实际上无法操作。这也是修改中应当注意克服的。

第三，修订《失业保险条例》以适应新形势需求。1999年颁布实施的《失业保险条例》，在2010年《社会保险法》出台后并未及时修订以确保一致性。时至2019年，其大量内容更是严重滞后于经济社会形势，不能适应经济新常态的要求，许多改革远远突破了现行制度安排，失业保险的功能从"保障失业人员失业期间的基本生活、促进其再就业"转换为"保障生活、预防失业和促进就业"三结合的功能定位，这在2013年《中共中央关于全面深化改革若干重大问题的决定》中被给予肯定。应当从新的定位出发对《失业保险条例》进行全面大修，将失业保险的"预防失业和促进就业"功能予以常态化法治化，为农民工、城镇灵活就业人员等群体建立"一次性失业补贴""失业保险储蓄账户"等特殊制度安排，将基金管理的省级统筹纳入条例规范，将机关公务员等纳入失业保险制度之内。

第四，社会组织立法驶入快车道。近年来，中国社会组织领域的改革创新如火如荼。党的十八届四中全会提出要"加强社会组织立法，规范和引导各类社会组织健康发展"。2015年，中办、国办印发《行业协会商会与行政机关脱钩总体方案》，取消了对全国性社会团队筹备成立的行政审批。但与之形成鲜明对比的是，社会组织立法并未与改革同步，未能充分体现探索成果。在此，《社会团体登记管理条例》《基金会管理条例》《民办非企业单位登记管理暂行条例》三大条例的修订已经启动。2016年《国务院关于修改部分行政法规的决定》（国务院令第666号）已经对《社会团体登记管理条例》中部分条款予以修订。应尽快修订三大条例，并在其基础上启动统一的社会组织立法。

（三）社会执法监管强化落实

应当承认，中国社会领域不少的法律法规停留在权利宣言层面，原则性较强而操作性相对不足，相关部门的职责规定不够明确，经费等方面缺乏保障。比如，《社会保险法》规定的为创新的工伤保险先行支付、社会保险费强制征缴机制在实施中进展缓慢。先行支付机制因为存在基金风险、道德风险和行政风险，而强制征缴机制则由于强制执行成本较高而相关机构、法院配合程度较低，均未得到很好落实。再如，由于社会保险费率特别是基本养老保险的缴费费率较高，实施中一些用人单位千方百计降低缴费基数，缴费工资远远低于实际工资，实际缴费率远远低于名义缴费率，这既损害到参保劳动者的社会保险权益，存在严重的纠纷隐患，又给征缴稽查带来困难，损害到法律秩序的稳定性。

相应地，社会法治的今后走向，应把尊法守法、提升执行力作为重要任务。必须清醒地认识到，社会法领域的"全民守法"，依然任重道远。以医疗保险法律制度为例，应当通过加强宣传教育培训，培育起卫计部门、医护人员、参保人员对于医疗保险法律法规的相对全面、正确认识，由此减少医疗保险法律制度实施的难度障碍，形成各方主体尊重法律、遵守法制、依法活动的良好氛围。以社会保险为例，有必要完善其执法监督体系，以"严格执法"作为重要目标。具体的，应明确社会保险经办机构在征缴、稽核、审查等方面的行政执法权，明确其调查、检查等方面的执法权和相应的行政强制措施、行政强制执行权力；应当完善社会保险行政执法的各机关分工配合机制，并在各机关的权力清单、责任清单中充分体现，避免相互推诿、执行乏力的问题。最后，还应加强社会法领域行政执法与刑事司法的有效衔接，对于违法情节严重构成犯罪的，通过刑事责任追究，克服"守法成本高而违法成本低"、法律执行强制力威慑力不足等问题。

执法不力将导致法律责任落空，甚至导致违法成本低而守法成本高的怪现象。以社会保险为例，许多地方社会保险主管部门面临大量企业和海量参保人员，而自身执法队伍建设滞后，其执法调查、取证、执行的人手设备均告阙如，可谓巧妇难为无米之炊。社会法治的落实应以政府职能转变为契机，进一步推进社会建设与社会治理相关领域的简政放权、放管结合和优化服务，加快构建完善事中和事后监管体系。

（四）基层经办实施更上层楼

基层治理是中国社会建设的重要任务，也是国家治理体系和治理能力现代化的基础性内容，同时也是广大民众安居乐业的重要保障。

未来应着力提升经办水平。经办能力不够，已构成制约中国社会救助、社会保险、社会福利等制度落实、民众社会权利实现的重要障碍。比如，许多地方社会救助是乡镇、街道层面民政办的部分工作，经办人员兼管大量其他工作，工作效率低、服务质量差，导致社会救助要求的入户、审查等环节机制流于形式，社会救助的瞄准率、救助效果大打折扣。为此，一方面应配齐配强社会救助经办人员，并建立长效培训机制,完善基层人员挂职、交流机制,形成基层经办人员"进得来、上得去、顶得上、用得好"的培养任用流动机制;另一方面,应加大财政投入力度,提升保障能力。社会法实施的各个环节,都需要经费保障,特别是应落实入户调查经办人员的误工补贴、交通补贴等,将社会救助相关工作人员的待遇保障纳入财政预算。

(五) 完善多元纠纷解决体系

社会建设与社会治理的水平高低,很大程度与社会矛盾纠纷化解机制是否高效、权威有着密切关联。在经济新常态背景下,因去产能、企业经营困难、关停并转导致的劳动社会保障争议存在加剧之势。总体上,随着利益格局调整日益呈现深刻性、复杂性,社会矛盾纠纷必然频发、多发且趋于多样化、复杂化和尖锐化。在此背景下,调动一切积极因素,形成一整套社会矛盾纠纷化解体系,是社会法有效实施的内在必然要求。从社会法治实现而言,有必要形塑司法审判、调解、仲裁、复议、信访等合理配置、前后衔接、左右协调的多元化纠纷化解机制。其中尤其应注意两方面,一是充分发挥诉讼以外非正式纠纷化解机制的高效率优势,二是凸显司法审判的终局、公正、权威价值。

应当承认,中国社会法的实施中,非正式的纠纷化解机制得到较高评价和强调,而司法审判的作用相对隐而不显。在此,在肯定社会纠纷化解机制多元化的同时,应当发掘、强调法院通过诉讼、执行机制对社会法制度的有效实施和规则改进有着无可替代的功能。其主要表现为以下几点:(1) 法院通过判决、强制执行制度(包括对诉讼判决的强制执行和非诉强制执行两种类型),来确保社会权利的享有和义务的实施,确保各方主体依法活动。(2) 法院赋予社会法各项制度、机制、规则以强制效力，保障其有效实施。（3）通过审判活动改进制度规则及其运行。但反观中国实际，虽然社会法相关争议纠纷不断增多，但并未主要通过法院得以化解，法院通过审判、执行保障各方合法权益的功能未得到有效发挥。基于"属于政策调整范畴""政策性很强"、社会敏感度较高、容易引发群体纠纷等托词借口，法院放弃或消极行使司法审判权的现象屡见不鲜。法院功能的尚未到位，不仅导致社会保险运行缺乏司法制度的最终保障，而且使得社会保险权益受损害者告状无门，丧失救济权利。显然，法院应从立案登记制出发取消不合理限制，向社会保险争议敞开大门；更进一步，社会保险领域的公益诉讼，也应尽快展开试点并予以推行，对带有行业性、地域性的社会保险违法行为，应扭转其习惯做法，而真正破除化解。

（六）明确政府责任强化保障

社会法的实施需要强有力而到位的保障机制。首先应当明确，政府在社会法实施中的责任守土有责、无可回避。近年来，社会领域法律制度的"软法"色彩在一定程度上得到削减。今后还应继续完善保障体系，突出并落实政府在保障中的责任。

一是财政保障。政府对社会保障的财政责任，既是政府的重要职责之一，也是社会保障政府职责的重点所在。《社会保险法》第13条第1款规定："国有企业、事业单位职工参加基本养老保险前，视同缴费年限期间应当缴纳的基本养老保险费由政府承担。"第13条第2款规定："基本养老保险基金出现支付不足时，政府给予补贴。"但对于中央、地方对社会法实施的财政补贴比例，还有必要通过法律制定、修改或其他制度化的方式予以明确。

二是经办保障。对特定社会保障项目，政府负有组织、管理，提供相关待遇、服务的经办职责。如社会救助制度的实施，其组织、最终审核确定、待遇提供，均由政府亲自提供或主导完成。

三是信息化保障。虽然社会建设信息化方面已小试牛刀，但社会救助仍存在瞄准率不高、社会保险存在信息失真、不完整、更新不及时，乃至故意隐瞒、虚假信息等问题。对此，应当加强顶层设计和部门共享，坚持统一领导、统一规划、统一标准，推进社会法治的信息化支撑；通过加强政府各部门、各地区信息共享，特别是公安、民政、人社、卫计、工商等信息采集更新，为社会法实施夯实信息基础。今后，将形成线上线下融合、服务衔接有序、充分开放共享的社会法实施格局。

总之，社会法作为中国社会建设的重要组成部分和强制性保障，无论对于推进中国特色社会主义法律体系的建设和完善，还是对于国民生存权、发展权、健康权等权益保障提升，都有着非常重要的意义。在近年来取得举世瞩目成效的基础上，中国社会法治将继续迈上新台阶，既能为国家富强与民族振兴贡献力量，也将更好地满足公民追求幸福生活的美好愿望。

第七章

人权法治：为了人的尊严

◇ 一 中国人权概况

"人权"一词并非中国原有词汇，而是经由日本和西方两个途径于近代传入中国，但这并不意味着中国历史上没有类似的概念。中国传统文化中的"人性""人道"与"仁爱"观念蕴含着丰富的人权内涵，是滋养当代人权制度的丰厚土壤。"人权"作为专有名词出现在中国确是近代受到域外文明的影响，但超越特定历史文化谈所谓的普世价值势必陷入虚无主义的陷阱。根植于中国传统文化的"人道""仁爱"观念虽无"人权"之名，实有"人权"之实，历经华夏文明近代化、现代化的洗礼，足以同任何不带有偏见与预设立场的人权理论与实践沟通对话。新中国成立以来，中国人权状况得到根本性转变，中国共产党领导下的中国政府带领全国人民励精图治，实现了中国人权事业的跨越式发展。党的十八大报告中明确提出"人权得到切实尊重和保障"为全面建成小康社会和全面深化改革开放的目标之一。党的十八大以来，在党中央坚强领导下，在社会各界共同努力下，中国人权事业行稳致远，所取得的成就有目共睹。改革开放以来，特别是"人权入宪"①"人权入法"②以来，中国已经走出一条符合国情的中国特色人权法治发展道路。中国的人权保障机构建设已臻完善，政府、非政府组织和人权研究机构合理布局，为共同推进中国人权事业的发展形成合力。其中政府机构主要是全国人民代表大会及其领导的人民代表大会制度、中国共产党领导的多党合作和政治协商制度及人民政协，此外负责科教文卫司法等各项事业的领导机构均设有专门的人权下属机构或设立有人权工作统筹负责制度，如国务院下属各部门等，其中与人权工作关系最为密切的有如国务院扶贫开发领导小组办公室、国务院妇女儿童工作委员会、国家民族事务委员会、国家宗教事务局等。致力于人权保障事业的非政府组织数量可观，如中华全国妇女联合会、中华全国青年联合会、中国残疾人联合会，等等。专门从事人权研究的组织在各大高校和研究机构中占据重要地位，如中国人权研究会、中国人权发展基金会、北京大学人权研究中心、中央党校人权研究中心、中国人民大学人权研究中心、武汉大学社会弱者权利保护中心等，类似研究机构不胜枚举，为推动中国人权理论的发展做出了突出贡献。截至目前，中国已如期实现了第一个和第二个《国家人权行动计划》提出的相关目标，《国家人权行动计划（2016—2020年）》正在紧锣密鼓地稳步推进中，中国人权事业必将走向新的辉煌。在光辉的成绩背后，法治在助力人权事业发展方面功不可没。2017年党的十九大报告提出了新时代中国人权法治发展的

---

① 2004年3月，第十届全国人民代表大会第二次会议通过宪法修正案，将"国家尊重和保障人权"写入宪法，首次将"人权"由一个政治概念提升为法律概念，将尊重和保障人权的主体由党和政府提升为"国家"。

② 2012年3月，第十一届全国人民代表大会第五次会议通过刑事诉讼法修正案草案，在总则中明确写入"尊重和保障人权"。

方向，即为加强人权法治保障，维护国家法制统一、尊严、权威，保证人民依法享有广泛权利和自由。

法治与人权相辅相成、密不可分。法治是国家治理的方式和治理的过程，而保障人权才是法治的目标和最终归宿，只有以人权保障为价值依归才可能是真正的良法善治。人权需要依法保障，离开法治任何权利终将走向极端甚或侵损社会公平正义的不归之路。在此阶段中国强调更加注重以人为本，注重经济、政治、文化、社会和生态文明五大建设全面、均衡、可持续发展，注重社会和谐与公平的发展。中国人权法治建设硕果累累，可供圈点之处不胜枚举。

法治建设与人权保障在今日中国皆处于崭新的历史阶段，中国人权法治保障日益完善，不断取得新的进展。首先，作为基础和先决条件的中国人权保障法律体系不断完善。目前以宪法为核心，以法律为主干，包括行政法规、地方性法规等规范性文件在内的，由七个法律部门、三个层次法律规范构成的中国特色社会主义法律体系已经形成，中国特色社会主义法律体系的形成与不断完善为中国的人权事业提供了坚实的理论基础和制度保障。其次，中国政府注重规范用权。大力推进依法行政，明确了政府权力的边界，规范行政执法行为，不断扩大公民对行政事务的参与权，并保障公民依法行使监督权。最后，司法是人权保障的最后一道防线，以司法体制改革为核心的多项举措努力让人民群众在每一个司法案件中都感受到公平正义。正是在这些坚实的基础之上，中国社会已经基本形成了知晓人权、尊重人权、自觉保障人权的良好社会风气。

◇ 二 缩小城乡差距，促进一体发展

（一）全国人大代表选举实现同票同权

1953年新中国制定第一部《选举法》时，中国的城镇人口占比为13.26%，作为领导阶级的工人集中于城镇，因而受特定历史条件的影响，为了体现工人阶级的领导地位，该部《选举法》规定，农村人口和城市人口选举全国人大代表的比例为8∶1。改革开放后，我国城市化进程加快，城乡人口结构比例发生了较大变化。在1995年修改《选举法》时，将这一比例由8∶1修改为4∶1。2007年，党的十七大报告指出："人民当家作主是社会主义民主政治的本质和核心。""建议逐步实行城乡按相同人口比例选举人大代表。"十一届全国人大三次会议审议通过选举法修正案，修改后的《选举法》第十六条明确规定：全国人民代表大会代表名额，由全国人民代表大会常务委员会根据各省、自治区、直辖市的人口数，按照每一代表所代表的城乡人口数相同的原则，以及保证各地区、各民族、各方面都有适当数量代表的要求进行分配。

2013年2月27日全国人大常委会公布了2987名十二届全国人大代表，是中国在2010年修改《选举法》，取消城乡差别、实行城乡按相同人口比例选举人大代表后，首次选举产生的中国最高国家权力机关的人民代表。这标志着中国城乡选民在全国人大代表的选举方面实现了同票同权，在城乡居民政治权利的实际平等方面取得了新的进步。

在经济领域表现得最为明显的城乡差异是不争的事实，当然，农

村经济发展水平的相对滞后具有过程性，是中国社会发展道路上的一个阶段，也是任何一个国家城市化发展进程中皆会遇到的问题。但这并非是导致中国农民在国家权力机关代表选举过程中处于不利地位的根本原因。诚如上文所述，此前城乡居民选举过程中"同票不同权"现象的存在是出于对特定历史时期制度性价值侧重的特殊考虑而有意为之的，如能辩证地就当时中国社会的权力结构和社会客观状况做一设身处地的理解，以往对于人大代表名额的分配具有其合理性，城乡差异也可以理解为不同分配标准中的择一之举。随着民主与法治观念的与时俱进和深入人心，似乎与城乡经济差异存在因果关系，实则是与其基本同步并存的城镇居民与农村居民在身份和政治权力方面的差异越发凸显出来，党和国家缩小城乡差距的行动同时在经济领域和政治领域展开。政治领域城乡平等选举权的实现，有利于农民群体及时、正当地发出自己的声音，从而从国家层面增进包括经济在内的各个领域城乡平等的实现。《选举法》两次对城乡人口代表比例的调整并最终实现同票同权表面上源自中国城市化进程的客观原因，实际上是人大代表名额分配的标准发生了愈发面向权利主体的转向。时至今日中国人口中农民仍占半数以上，中国的领导者与立法者对这一问题始终保持着清醒的认识，并适时调整法律，消除了《选举法》与《宪法》中"中华人民共和国公民在法律面前一律平等"基本要求的不协调现象，中国法律以人为本的属性日益显现出来。

（二）户籍制度改革

中国户口"农"与"非农"二元格局形成于计划经济时代，有着复杂的成因。1958年1月全国人大常委会通过《中华人民共和国户口登记条例》，第一次明确将居民以户籍性质为标准区分为"农业户口"和"非农业户口"两种不同户籍，同时确立了户口迁移审批制度和凭证落后制度。该《条例》第10条规定："公民迁出本户口管辖区，由本人或者户主在迁出前向户口登记机关申报迁出登记，领取迁移证件，注销户口。公民由农村迁往城市，必须持有城市劳动部门的录用证明，学校的录取证明，或者城市户口登记机关的准予迁入的证明，向常住地户口登记机关申请办理迁出手续。"1964年8月《公安部关于处理户口迁移的规定（草案）》出台，提出两个"严加限制"，即：对从农村迁往城市、集镇的要严加限制；对从集镇迁往城市的要严加限制。

  过于严格的户籍限制在中国被严格执行的时间其实并不算长。改革开放以后，制度上严格的户籍限制不断被社会生活的现实所修正，以至于制度本身也呈现出接连不断的渐进式微调。1984年10月，《国务院关于农民进入集镇落户问题的通知》规定，农民可以自理口粮进集镇落户，并同集镇居民一样享有同等权利，履行同等义务，户籍严控制度开始松动。1985年7月，出于对日益增长的城镇暂住人口管理的需要，公安部出台《关于城镇暂住人口管理的暂行规定》，城市暂住人口管理制度趋于健全；1985年9月，居民身份证制度颁布实施，表明国家政策法律对人口流动的限制日益淡化，朝进行人口管理维护社会秩序转向。

  1997年6月出台的《国务院批转公安部小城镇户籍管理制度改革试点方案和关于完善农村户籍管理制度意见的通知》和1998年7月出台的《国务院批转公安部关于解决当前户口管理工作中几个突出问题意见的通知》，使得小城镇落户限制逐渐松动。2001年3月颁布的《国务院批转公安部关于推进小城镇户籍管理制度改革意见的通知》规定对办理小城镇常住户口的人员不再实行计划指标管理，标志着小城镇户籍制度改革全面铺开。

2012年2月，《国务院办公厅关于积极稳妥推进户籍管理制度改革的通知》指出，要引导非农产业和农村人口有序向中小城市和建制镇转移，逐步满足符合条件的农村人口落户需求，逐步实现城乡基本公共服务均等化。这一通知表明随着中国城市化进程发展到较高阶段，国家对于农村人口向城市合理流动的态度由限制、松动逐渐转为鼓励，此后中国的户籍改革火速推进。

2013年11月，《中共中央关于全面深化改革若干重大问题的决定》指出，要"创新人口管理，加快户籍制度改革，全面放开建制镇和小城市落户限制，有序放开中等城市落户限制，合理确定大城市落户条件，严格控制特大城市人口规模"。2014年7月30日《国务院关于进一步推进户籍制度改革的意见》指出，要全面放开建制镇和小城市落户限制，建立城乡统一的户口登记制度，建立居住证制度，建立健全与居住年限等条件相挂钩的基本公共服务提供机制，稳步推进城镇基本公共服务常住人口全覆盖。例如，同年发布的《关于建立统一的城乡居民基本养老保险制度的意见》，建立起全国范围内统一的居民基本养老保险制度，解决了包括农民工参加职工和城乡居民劳动者在内的基本养老保险的制度衔接问题。

户籍改革增强了人员的流动性，使得人口资源的分配日趋合理，伴随而来的，是改革开放红利普惠性加强以及国民收入分配不均衡现象日益得到改善，农村居民与城镇居民在平等就业、同工同酬、平等享有社会保障和公共服务等方面的制度障碍被基本移除，身份回归其最原始的含义，再不具有区分强势与弱势的歧视意味。因此，户籍制度改革被称为是家庭联产承包责任制后又一次"解放"农民的革命。

（三）强化保护农民和农民工合法权益

1. 农民的土地财产权益

农民现在最重要的财产权利是对土地的权利。放开承包地和农房抵押融资，有利于农民获取财产性收益。农民能够以产权保生存、谋发展，才可能真正实现城乡一体化。为解决农民的土地权益问题，《中共中央关于全面深化改革若干重大问题的决定》提出"赋予农民更多财产权利""保障农户宅基地用益物权，改革完善农村宅基地制度，选择若干试点，慎重稳妥推进农民住房财产权抵押、担保、转让，探索农民增加财产性收入渠道"。

2. 农民工权益

自2008年《国务院关于解决农民工问题的若干意见》颁布以来，相关部委和多个省份纷纷出台贯彻落实该项意见的具体措施，依法保护农民工的人身权利、财产权利得到社会各界的认同与重视。随着相关制度不断落地，农民工的生存状况有了较大的改观。因既定目标实现而发生工作重点的转移，更加与时俱进的制度安排及扩大保障对象惠及农民工家庭子女的举措纷至沓来，如《国务院关于进一步做好为农民工服务工作的意见》《国家新型城镇化规划（2014—2020年）》《国务院办公厅转发教育部等部委关于做好进城务工人员随迁子女接受义务教育后在当地参加升学考试工作意见的通知》《国务院关于进一步做好为农民工服务工作的意见》等，这些后续措施表明依法保障农民工合法权益工作具有持续性和渐进性。仍需注意的是，近年来农民工有从"流动"向"移民"转变的趋势。"流动"与"移民"可以从"是否改变户籍关系""是否重新定居"来区分。过去以户籍为标准区分身份，政策的落脚点和出发点都放在"外来"和"流动"

上,以致农村"流动人口"被大量排除在城市社会保障以及各项公共服务之外。深化户籍制度改革能够从根本上解决这一问题,推动农村流动人口的"制度化进入",赋予流动人口以合法的市民身份,跟进针对流动人口的社会服务建设,实现农村流动人口与本地居民均等化共服务。

三 废除劳动教养,健全社区矫正

1957年《国务院关于劳动教养问题的决定》正式确立了劳动教养制度,后续规定这一制度的主要规范依据包括1979年《国务院关于劳动教养的补充规定》、1982年公安部发布的《劳动教养试行办法》、2002年公安部发布的《公安机关办理劳动教养案件规定》等,一些部门规章、地方政府规章对这一制度也多有涉及。

如果对劳动教养制度追根溯源可以发现其并非新中国的特有制度,既有中国传统国家治理文化中教养兼施理念的"遗传",也有近代以来西法东渐惩戒理念的"移植"。制度偏向也经历了从救助到惩戒再到秩序维持社会治安的转变。特别是在20世纪80年代以后,中国开展刑事严打背景下,劳动教养作为刑事制裁的补充手段在维持社会秩序方面曾经发挥过积极作用,随着严打出现负面效果引发争议而退出历史舞台,劳动教养制度在20世纪90年代的中国也日趋式微,适用对象转为治安违法人员,在行政违法与刑事违法的夹缝中存在,适用范围不断紧缩。存续后期劳教的对象主要是游手好闲者、小偷、卖淫嫖娼者、吸毒者、破坏治安者等。因相关法律的出台,对上述人员进行惩处或约束其行为的强制措施各自具有了明确的合法性基础,处于"灰色地带"的劳教制度失去用武之地。如2006年取代《治安管理处罚条例》的《治安管理处罚法》，扩大了受上述《条例》惩治的违法行为的范围，对尚不够刑事处罚的违法行为规定了较之前更为详细的治安管理处罚措施，且法的位阶更高，正当性基础牢固。又如2007年公布的《禁毒法》，规定了吸毒成瘾人员实行社区戒毒和强制隔离戒毒，此举意味着约一半劳教人员不再适用此项措施。再如陆续出台的刑法修正案，厘清了一些正义行为的性质，将扒窃、入室盗窃、携带凶器盗窃、多次敲诈勒索等直接侵害公民合法权益的严重违法行为规定为犯罪。《治安管理处罚法》和《刑法》分工明确，不同机关各负其责。对需要予以治安管理处罚或者强制隔离戒毒的，由公安机关严格依照法定权限和程序办理；对涉嫌犯罪的，由司法机关依照刑事诉讼法严格按程序办理。对于依前者做出的处罚不服的，可以依法提起行政复议或行政诉讼；对于依后者做出的判决或裁定不服的，则须通过上诉、抗诉等方式维护合法权益。

在制度日益完备的同时，随法治观念走向较为成熟的阶段，劳动教养作为与政治管控密切相关的手段其合法性不断遭受来自各方的质疑，而其实施不当可能存在的对公民自由权、人身权的侵害风险也饱受诟病。劳动教养的性质应属行政处罚，但是从限制人身自由时间长短的角度看，劳教最短期限比作为刑罚的管制、拘役的最长期限还要长，因而可以说在这一方面劳教的制裁更为严厉，这与其所惩罚行为仅为违法尚未构成犯罪的危害性不相匹配。在劳动教养实践中，也时有违法使用暴力的案件发生，类似刑讯逼供或者违法使用戒具警械的行为也缺乏有效的监管和控制。2012年集中发生的数起典型案件将劳动教养制度推上了舆论的风口浪尖。从各个层面考量，劳动教养制度都已经不符合中国人权司法保障要求和法治中国建设的要求，废止劳动教养的历史条件逐渐成熟。

2013年年初，中央政法委主要领导宣布，积极推进劳动教养制度改革，在报请全国人大常委会批准后，将"停止使用"劳教制度。自2013年年初开始，劳动教养制度就被严格控制适用，对缠访、闹访等对象，不再采取劳动教养措施。2013年11月《中共中央关于全面深化改革若干重大问题的决定》宣布，废止劳动教养制度，完善对违法犯罪行为的惩治和矫正的相关法律，健全社区矫正制度。2013年12月，第十二届全国人民代表大会常务委员会第六次会议通过了《关于废止有关劳动教养法律规定的决定》，这意味着已实施五十余年的劳教制度依照法定程序正式退出历史舞台。2014年《中国人权白皮书》客观总结和评价了劳动教养制度的废止过程：在中国，实行了50多年的劳动教养制度在特定条件下为维护社会治安秩序、确保社会稳定、教育挽救违法人员发挥了积极作用。随着治安管理处罚法、禁毒法等法律的施行和刑法的不断完善，以及相关法律的有机衔接，劳动教养制度的作用逐渐被取代，劳动教养措施的使用逐年减少。自2013年3月起，各地基本停止使用劳动教养。2013年12月28日全国人大常委会通过废止有关劳动教养法律规定的决定，废止了劳动教养制度；并对正在被依法执行劳动教养的人员，解除劳动教养，剩余期限不再执行。

废除劳动教养制度是中国法制史上标志性的事件，是中国重视公民权利保障、人权保障法治化的重要体现。而改革如何接续，社区矫正制度如何建立和配套，成为此后法学界的探讨热点和实务部门的工作重点。社区矫正工作在中国启动较早，早在2003年最高人民法院、最高人民检察院、公安部、司法部就曾发布《关于开展社区矫正工作试点工作的通知》。2011年，最高人民法院、最高人民检察院等十部委出台《违法行为教育矫治委员会试点工作方案》，兰州、济南、南京、郑州被列为违法行为教育矫治试点地区。2012年最高人民法院、最高人民检察院、公安部、司法部公布了《社区矫正实施办法》。在劳动教养制度废除以后，社区矫正工作提速。最高人民法院、最高人民检察院、公安部、司法部出台《关于全面推进社区矫正工作的意见》；同年11月司法部等六部委出台《关于组织社会力量参与社区矫正工作的意见》。2016年《关于进一步加强社区矫正工作衔接配合管理的意见》为加强社区矫正工作衔接配合，确保社区矫正依法适用、规范运行指明了方向。截至目前，多部《社区矫正法》专家建议稿已问世，颁布正式的《社区矫正法》指日可待。

◇◇四 司法保障人权，关注特定人群

司法是维护社会公平正义的最后一道防线。司法人权保障是人权事业的重要组成部分，最能体现一国人权事业发展水平。中国共产党和中国政府始终坚持人民主体地位，充分保障人民权益、充分实现人民权利，推动科学立法、严格执法、公正司法、全民守法，从而促进国家治理体系和治理能力现代化。针对司法人权保障工作，《中共中央关于全面深化改革若干重大问题的决定》专门提出："完善人权司法保障制度。国家尊重和保障人权。进一步规范查封、扣押、冻结、处理涉案财物的司法程序。健全错案防止、纠正、责任追究机制，严禁刑讯逼供、体罚虐待，严格实行非法证据排除规则。逐步减少适用死刑罪名。"这表明人权司法保障是法治中国建设的重要一环，因被置于全面深化改革战略部署之中而具备了崭新的历史意义。

通过健全司法权力运行机制完善人权司法保障，是中国人权发展的内涵升华。人权的司法保障涉及法院公正的审理程序、裁判的拘束力既判力得到充分尊重、司法裁判得到迅速有效的执行等。刑事案件的公正审判还涉及法院、检察院和公安机关在有关办案环节的真正相互制约，尊重犯罪嫌疑人、被告人的沉默权、辩护权、人格尊严，杜绝刑讯逼供等问题。

被追诉人、被羁押者和罪犯的人身权利得到保障。2012 年 12 月 14 日《拘留所条例实施办法》正式施行。根据该办法，拘留所应当安装并使用监控录像等技术防范设备，以便对被拘留人员实行实时全方位安全监控。监控录像资料至少保存 15 天。被拘留人在拘留期间死亡、身体受到伤害，可能提起国家赔偿要求的，拘留所应当将相关监控录像资料予以刻录留存。2014 年，公安部制定《公安机关讯问犯罪嫌疑人录音录像工作规定》，要求各地逐步扩大讯问录音录像的案件范围，最终实现对所有刑事案件讯问过程的录音录像；最高人民检察院修订完善《人民检察院讯问职务犯罪嫌疑人实行全程同步录音录像的规定》，要求今后严格落实在讯问犯罪嫌疑人过程中的录音录像工作，详细规定了全程同步录音录像的录制原则、录制方式、录制程序、录音录像资料的管理和使用等。上述文件确立了全程录音录像、全角度录像、录制人员与讯问人员分离、录音录像与询问笔录相符、录制系统故障时停止讯问原则，以及禁止选择性录制，禁止不供不录，禁止剪接、删改等原则，对司法人权的保障将起到重要推动作用。

授权司法机关试行刑事速裁程序。全国人民代表大会常务委员会发布《关于授权最高人民法院、最高人民检察院在部分地区开展刑事案件速裁程序试点工作的决定》，在北京、天津、上海、重庆、沈阳、大连、南京、杭州、福州、厦门、济南、青岛、郑州、武汉、长沙、广州、深圳、西安试行速裁程序。速裁程序是指对事实清楚、证据充分，被告人自愿认罪，或者当事人对适用法律没有争议的危险驾驶、交通肇事、盗窃、诈骗、抢夺、伤害、寻衅滋事等情节较轻，依法可能判处一年以下有期徒刑、拘役、管制的案件，以及依法单处罚金的案件，在遵循刑事诉讼法基本原则和充分保障当事人的诉讼权利前提下，进一步简化相关诉讼程序，这一举措有助于提高刑事案件的审理效率、合理配置和节约有效的司法资源。刑事速裁程序在促进案件繁简分流，助力解决案多人少矛盾的同时，对被告人而言也具有积极意义，特别是对于已经被羁押的犯罪嫌疑人而言，审判时间的长短与其被羁押时间密切相关，速裁程序让公正来得更快，也尽可能减少了由于审判环节拖沓而造成超期羁押的可能。

2014年，最高人民法院、最高人民检察院、公安部、司法部、国家卫生和计划生育委员会联合发布《暂予监外执行规定》，司法部发布《关于加强监狱生活卫生管理工作的若干规定》等规范性文件，执法水平得到进一步提升，向严格公正文明标准迈进，在押人员的合法权利得到切实维护。

完善司法救助制度。中央政法委员会、财政部、最高人民法院、最高人民检察院、公安部、司法部联合发布《关于建立完善国家司法救助制度的意见（试行）》，最高人民检察院发布《关于贯彻实施〈关于建立完善国家司法救助制度的意见（试行）〉的若干意见》，初步确立了中国司法救助的制度框架，通过采取缓交、减交或免交诉讼费用的救济措施，保证诉讼当事人能够正常参加诉讼，依法维护其合法权益。各级公安部门、司法行政部门共同推进看守所法律援助工作站建设，法律援助机构在看守所派驻值班律师提供法律咨询等帮助，切实保障被追诉人、被羁押者的合法权利。

总之,中国司法始终以实现公平正义为不懈追求,以保障人权为终极目标,不断取得新的进展。2016年《中国司法领域人权保障的新进展》白皮书全面总结了党的十八大以来中国司法人权保障方面取得的成就:"司法体制改革全面深化,司法职权配置进一步优化,司法责任制不断完善,司法公开大力推进,律师执业权利保障得到加强,公民参与司法的渠道继续拓宽,人权司法保障机制更加健全;实行立案登记制,修改完善诉讼制度,严格落实罪刑法定、疑罪从无、非法证据排除等法律原则,坚决防止和纠正冤假错案,人权司法保障程序更加规范;司法机关依法独立公正行使职权,司法公信力不断提高,国家赔偿、法律援助工作力度加大,司法的公平正义得到捍卫,公民权利得到有力保障;对待犯罪嫌疑人、被告人和罪犯更加文明,刑罚执行更加规范,被羁押人的人格尊严、人身安全、合法财产和申诉、控告、检举等合法权利得到有效保障。"2018年《最高人民法院工作报告》指出,中国法院不断完善人权司法保障措施。认真落实习近平主席特赦令和全国人大常委会决定,依法特赦罪犯31527人。落实公开审判、法庭辩论等诉讼制度,切实保障当事人各项诉讼权利。贯彻宽严相济刑事政策,确保该严则严、当宽则宽。严把死刑案件质量关,确保死刑只适用于极少数罪行极其严重的犯罪分子。联合司法部开展刑事案件律师辩护全覆盖试点,开展法律援助值班律师工作。加强涉未成年人案件审判,完善社会调查、轻罪记录封存等机制,积极开展回访帮教工作,未成年人犯罪案件数量连续5年下降,有力保护未成年人健康成长。出台加强司法救助意见,发放司法救助金26.7亿元,帮助无法获得有效赔偿的受害人摆脱生活困境,加强权利救济,传递司法温暖。《最高人民检察院工作报告》指出各级检察院不断强化对刑事、民事、行政诉讼的法律监督,加强人权司法保障,努力让人民群众在每一个司法案件中感受到公平正义,纠正了一批冤假错案。

◇◇五 防止冤假错案,完善国家赔偿

2012年修改的《刑事诉讼法》写入"尊重和保障人权"内容,并在侦查措施、审查起诉、审判程序、执行程序,以及对于证据制度、辩护制度、强制措施的修改完善和增加规定特别程序时,始终贯彻了尊重和保障人权的精神。这是中国人权事业的重大进步,对于保障公民的应有诉讼权利,惩罚犯罪,保护群众,具有重大意义。防止冤假错案的出现,对业已形成的冤假错案及时纠正,健全国家赔偿制度,是司法人权保障的重要任务。

2013年中央政法委出台《关于切实防止冤假错案的指导意见》,重申疑罪从无原则、证据裁判原则、严格证明标准、保障辩护律师辩护权利等制度,并着手建立人民警察、法官、检察官对办案质量终身负责制。

同年,公安部发布《关于进一步加强和改进刑事执法办案工作,切实防止发生冤假错案的通知》等文件,要求公安干警进一步端正执法为民思想,增强法治思维,同时重点推进错案预防制度机制建设,健全完善执法制度和办案标准,从源头上防止冤假错案的发生,此外加强对执法办案全方位、全过程、即时性监督。

同年,最高人民检察院结合检察机关办案实际,以确保检察机关办案质量为目标,发布《关于切实履行检察职能,防止和纠正冤假错

案的若干意见》，强调监察机关作为国家法律监督机关追究犯罪和保障无罪的人不受刑事追究的双重责任，要求检察人员做到严把事实关、证据关、程序关和法律适用关，努力做到不枉不纵，不错不漏。同时要求检察人员牢固树立社会主义法治理念，文中两次提到人权保障的理念（始终坚持惩罚犯罪与保障人权并重、增强人权意识）。对立案后侦查工作的跟踪监督机制、对所外讯问的监督、审判活动的监督、死刑复核案件的法律监督、刑罚执行和监管活动监督、申诉和复查等方面存在的突出问题，该意见提出坚决依法纠正。

同年，最高人民法院发布了《关于建立健全防范刑事冤假错案工作机制的意见》，在法院工作需要遵循的原则中，人权保障原则居首，该《意见》开篇便强调"坚持尊重和保障人权原则。尊重被告人的诉讼主体地位，维护被告人的辩护权等诉讼权利，保障无罪的人不受刑事追究"，从而点明防范冤假错案与人权保障之间的密切关系。该《意见》强调坚持疑罪从无原则，规定对定罪证据不足的案件，应当依法宣告被告人无罪；采用非法证据排除规则，通过刑讯逼供等非法方法收集的供述，应当排除；未在规定的办案场所讯问取得的供述，未依法对讯问进行全程录音录像取得的供述，以及不能排除以非法方法取得的供述，应当予以排除。

各级法院宣告无罪的被告人人数较多，表明法院系统防范冤假错案工作落实之迅速。2013年至2016年，最高人民法院监督指导各级法院通过审判监督程序纠正34起重大刑事冤假错案，备受关注的如杜培武案、李久明案、石东玉案、赵作海案、佘祥林案、张氏叔侄案、呼格吉勒图案、念斌案、聂树斌案等，目前上述人员均已被宣告无罪。

2011年3月，《最高人民法院关于人民法院赔偿委员会审理国家赔偿案件程序的规定》发布,该规定适用于中级以上人民法院赔偿委员会审理以其他国家机关或下级人民法院作为赔偿义务机关的国家赔偿案件的程序事项。2013年8月9日,为统一、规范人民法院办理自赔案件的各项工作,确保及时、公正处理赔偿请求人提出的国家赔偿请求,最高人民法院公布了《关于人民法院办理自赔案件程序的规定》。至此,人民法院审理的两类国家赔偿案件都有了可操作的程序规定。如蒙冤入狱11年的赵作海,在案件平反后,收到国家赔偿及生活困难补助共计65万元。虽然自由权难以用金钱来衡量,但国家赔偿制度的日益完善从国家层面在认可公权力行使出现错误的前提下,尽可能对遭受损害的公民予以补偿,对曾遭受冤枉公民而言不失为为其正名的一种方式,也的确能够起到救济其可能因此致贫的生活的作用。

2016年6月27日,十八届中央全面深化改革领导小组第二十五次会议审议通过了《关于推进以审判为中心的刑事诉讼制度改革的意见》,这标志着以审判为中心的刑事诉讼制度改革全面启动。该《意见》强调了无罪推定的基本原则,提出的要求涉及公检法部门,并涵盖侦查、起诉、审判、监督等司法全流程,以确保刑事诉讼制度切实成为达至公平正义终极目标的正当途径,在依法惩治犯罪行为的同时,确保无罪者不受刑事追究,从而防范冤假错案的发生。

◇◇ 六 严打两类犯罪,保护妇女儿童

(一) 取消嫖宿幼女罪

1986年9月5日国务院颁布了《中华人民共和国治安管理处罚条例》,于第30条明确规定:嫖宿不满十四周岁幼女的,依照刑法第一

百三十九条的规定以强奸罪论处。

针对某些地方卖淫嫖娼行为日益严重的情况，1991年9月4日全国人民代表大会常务委员会通过的《关于严禁卖淫嫖娼的决定》，专门打击组织卖淫、强迫卖淫、引诱容留介绍卖淫以及嫖宿幼女等行为，该决定明确规定："嫖宿不满十四岁的幼女的，依照刑法关于强奸罪的规定处罚。"

嫖宿幼女罪作为单独的罪名最早出现于1997年修订的《刑法》中。单列此项罪名是因为在实际执法过程中，某些地方将嫖宿幼女的行为仅作为一般嫖娼处理，进行行政处罚，而不追究行为人的刑事责任，1991年决定要求难以落实，难以切实保障幼女的合法权利。为了严惩嫖宿幼女的行为，切实保护未成年女性，1997年《刑法》将嫖宿幼女行为从奸淫幼女罪中分离出来，列为独立罪名，并规定："嫖宿不满十四周岁的幼女的，处五年以上有期徒刑，并处罚金。"相比奸淫幼女罪的规定（以暴力、胁迫或者其他手段强奸妇女的，处三年以上十年以下有期徒刑。奸淫不满十四周岁的幼女的，以强奸论，从重处罚）而言，嫖宿幼女罪规定的起刑点高，且在有期徒刑范围内没有最高刑期限制，因而可以说其刑罚比奸淫幼女罪要严厉。但上述规定的设计初衷却没有实现，司法实践中，嫖宿幼女罪普遍适用较轻的刑罚，而且由于其在妨害社会管理秩序的犯罪中，不适用强奸罪中的加重情节，最高刑仅为15年有期徒刑，在一些案件中会出现罚不当其罪的后果，而且极易滋生司法腐败现象。

2015年8月29日，第十二届全国人民代表大会常务委员会第十六次会议通过的《中华人民共和国刑法修正案（九）》取消了嫖宿幼女罪，对这类行为可以适用刑法第二百三十六条关于奸淫幼女的以强奸论、从重处罚。废除嫖宿幼女罪主要基于以下考虑。

《儿童权利公约》第 34 条要求缔约国承担保护儿童免遭一切形式的性剥削和性侵犯，防止"利用儿童卖淫或从事其他非法的性行为"。《儿童权利公约关于买卖儿童、儿童卖淫和儿童色情制品问题的任择议定书》定义了"儿童卖淫"："儿童卖淫系指为了报酬或出于任何其他形式的考虑而在性活动中利用儿童。"这一定义表明所谓的"儿童卖淫"实际上是对儿童的利用，是侵犯儿童权利的犯罪。中国作为《儿童权利公约》缔约国，理应受到公约约束。而嫖宿幼女罪的设立客观上导致了卖淫幼女"污名化"的现象，幼女作为受害者却以"卖淫者"的身份为预设，不仅罪犯得不到应有的处罚，受害人也会遭受来自社会舆论的歧视，致使其难以走出被侵害的阴影，甚至会导致受害人处境的雪上加霜，不利于对儿童的挽救和长远发展。

嫖宿幼女罪从立到废的过程实质上皆是围绕着儿童利益最大化的基本人权原则，立与废的目的皆是保护幼女免受侵害，可以说两种截然不同的选择在目的论上殊途同归。造成刑法罪名不断变动的原因在于法律条文的实践效果，嫖宿幼女罪难以实现其保护幼女人权的初衷时，尽管主张保留该罪名的学者提出了充分的法理依据，尽管废除该项罪名会引起其他条文适用困难的连锁反应，尽管可能遭受破坏法律稳定性的质疑，中国立法者依然以儿童优先和非歧视两项原则为基础，力排众议，坚决废除了嫖宿幼女罪。这一结果可以称为人权原则的胜利。

（二）打击贩卖人口

拐卖人口在世界范围内都可称得上是一种古老的犯罪，拐卖妇女儿童、贩卖黑奴、贩卖劳工等罪行都在人类历史上留下了不光彩的烙印。时至今日，拐卖人口犯罪依然猖獗，并呈现出新的特点，如有组织性增强，跨境人口贩运泛滥等。拐卖人口犯罪影响恶劣，危害较大，不仅是对受害人人身权、自由权的侵害，还会破坏受害人家庭，致使其家庭成员身心受累甚至走向绝境，更为严重的是拐卖人口与故意杀人、故意伤害、强奸、组织卖淫、强迫劳动、强迫乞讨等次生犯罪密切相关，如不能得到有效控制，社会危害性极大。因此，打击拐卖人口犯罪是国际社会的共识，也是人权保障不可或缺的重要内容。

中国的人口拐卖犯罪受害人以妇女儿童为主，因此中国《刑法》中关于此项的罪名为"拐卖妇女儿童罪"。长期以来，拐卖妇女、儿童犯罪都是政府和相关部门严厉打击的对象。近年来，中国政府指导此项工作的理念发生了由"打拐"向"反拐"的转变，行动措施也由以往主要依靠公检法进行打击转变为在法治指引下动员全社会的力量全方位防范和打击拐卖妇女儿童的行为。2007年，国务院发布了《中国反对拐卖妇女儿童行动计划（2008—2012年）》，这是中国首个"反拐"行动计划，实现了"打拐"工作由司法机关独立承担向全社会参与预防、打击、救助综合治理模式转变。2013年3月，中国政府发布了第二个"反拐"行动计划——《中国反对拐卖人口行动计划（2013—2020年）》，该计划的重点在于建立集预防、打击、救助和康复为一体的"反拐"工作长效机制，打拐工作达到了新的高度，注重惩罚犯罪后对受害人的救助，确保拐卖犯罪受害人及时得到有效救助康复和妥善安置。全社会参与的预防和打击拐卖妇女儿童犯罪的工作网络业已形成，并显现出巨大的威力。

依法反拐，制度先行。2010年，最高人民法院与最高人民检察院、公安部、司法部共同研究制定并发布了《关于依法惩治拐卖妇女儿童犯罪的意见》，明确了相关法律适用标准，对案件管辖、立案、证据收集和法律适用中的突出问题提出了具有操作性的处理意见。公安部还出台新的硬性规定，规定凡报告 14 岁以下儿童、14—18 岁少女失踪的，一律无条件先立为刑事案件，报案后立即启动快速侦查机制；除了刑侦部门，派出所也可以办理拐卖妇女儿童案件。中国反对拐卖人口行动计划（2013—2020 年）提出，要"综合整治拐卖人口犯罪活动重点地区和'买方市场'，减少拐卖人口犯罪发生"。2015 年 11 月 1 日起施行的《刑法修正案（九）》对收买被拐卖的妇女、儿童罪做了重大修改，将原刑法规定"收买被拐卖的妇女、儿童，按照被买妇女的意愿，不阻碍其返回原居住地的，对被买儿童没有虐待行为，不阻碍对其进行解救的，可以不追究刑事责任"，修改为"收买被拐卖的妇女、儿童，对被买儿童没有虐待行为，不阻碍对其进行解救的，可以从轻处罚；按照被买妇女的意愿，不阻碍其返回原居住地的，可以从轻或者减轻处罚"，体现了对收买被拐卖的妇女、儿童行为加大打击力度的导向和行动准则。随后，最高人民法院出台《最高人民法院关于审理拐卖妇女儿童犯罪案件具体应用法律若干问题的解释》，该解释明确"偷盗婴幼儿""阻碍解救"等法律概念的含义，区分拐卖妇女与介绍婚姻罪与非罪界限，体现了对拐卖妇女、儿童犯罪依法从严处理的精神。中国一方面健全国内法治，打击该类犯罪；另一方面，也在积极参加国际合作，批准国际条约。《联合国打击跨国有组织犯罪公约关于预防、禁止和惩治贩运人口特别是妇女和儿童行为的补充议定书》（即《巴勒莫议定书》）2010 年 3 月 10 日起对中国开始生效。

先进科学技术的应用切实加强了反拐工作效果。2009 年 4 月，公安部正式建立了"反拐 DNA 数据库"，公安部要求对已经确认被拐卖儿童的亲生父母，自己要求采血的失踪儿童亲生父母，解救的被拐卖儿童，来历不明、疑似被拐卖的儿童，来历不明的流浪、乞讨儿童这五类人员必须采集血样进行 DNA 检验,并将数据录入全国数据库。采血工作以儿童失踪地、居住地、发现地为标准实行就近原则,相关公安机关必须及时接待群众采血。并要求公安机关在报案、查找、侦查调查和采血、检验、比对工作中,不得以任何理由向群众收取费用。反拐 DNA 数据库已经成功帮助数千名被拐儿童找回亲生父母,在此基础上,2017 年两会上有政协委员提议进一步创建包括新生儿和广大儿童在内的全民 DNA 数据库,并实现全国联网,进一步利用科学技术提高反拐工作质效。

除公检法等职能部门以外,中国的反拐工作形成了全社会共同参与的局面,形成合力,共同打击拐卖人口犯罪。主流媒体凭借资源优势制作播出大型公益寻人节目,同时数部聚焦拐卖人口犯罪的影视作品问世,引起强烈社会反响;新媒体在反拐方面日益发挥巨大作用,微博微信等媒体因受众面广、传播速度快,为反拐工作提供了全新而高效的平台;民间力量参与反拐,所发挥的作用不容小觑,宝贝回家志愿者协会设立的"宝贝回家"公益网站截至 2019 年 3 月中旬,已成功帮助近 3000 人找到亲人,还有 43000 多个"家寻宝贝"和 39000 多个"宝贝寻家"注册用户通过这一平台寻找亲人信息;2016 年 5 月 15 日,公安部与网络公司合作建立的儿童失踪信息紧急发布平台正式上线,警方接警后相关信息会在第一时间通过"公安部儿童失踪信息紧急发布"官方微博微信等新媒体、网络地图、手机支付等移动应用对公众发布,同时通过相应渠道自动推送到儿童失踪地周边的相关人群,让更多群众及时从官方渠道获取准确信息,协助公安机关快速侦破拐卖案件,尽快找回失踪儿童,形成群防群治、全民反拐的良好局面。

中国反拐法制建设任重而道远,成绩背后问题犹存,反拐法制仍须进一步完善。

由于中国拐卖人口犯罪的受害人以妇女儿童为主，拐卖十四周岁以上男性的情况为现行刑法拐卖罪名排除在外。但按照《巴勒莫议定书》规定，"人口贩运"系指为剥削目的而通过暴力威胁或使用暴力手段，或通过其他形式的胁迫，通过诱拐、欺诈、欺骗、滥用权力或滥用脆弱境况，或通过收受酬金或利益取得对另一人有控制权的某人的同意等手段招募、运送、转移、窝藏或接收人员。现实中，针对十四周岁以上男性的"贩运"和"剥削"确实存在。如曾经发生的真实案件中案犯诱骗、绑架、运送、拐卖已满14周岁的男子到山西黑砖窑做苦力，也有犯罪分子将中国西南地区包括妇女儿童和年满14周岁的男子贩运至邻国对其进行劳动剥削。针对上述行为，《刑法》只能以非法拘禁、强迫职工劳动、故意伤害等罪名进行处罚，但"拐卖人口"罪显然更为合适，因为除了受害者界定时理应更加宽泛之外，事实认定由单纯强调"买卖关系"转向对潜在的"劳动剥削"的认可更能适应当下或区域反拐的需求，由此暴露出的现行刑法之不足已经引起学术界和实务界的普遍关注，相关改进行动在实务界正在开展。支持湄公河次区域各国政府及有关机构制定有效策略，高效打击人口贩运的专项行动，目前已至收尾阶段。其第二期项目的核心是在劳务输出的框架下解决拐卖问题。该项目将男性、人口流动安全、劳动剥削等要素纳入拐卖问题中，既是同中国法律的差异所在，也可看作中国反拐法制革新在地方的实践。

除上述两项罪名的变动之外，妇女、儿童人身权利得到全方位保障。2014年起，国家着力健全以"监测预防、发现报告、帮扶干预"为核心的未成年人社会保护联动反应机制，覆盖城乡的未成年人社会保护网络正在形成；"以家庭监护为基础、社会监督为保障、国家监护为补充"的监护制度也在各地展开,"家庭、社会、政府"三位一体的未成年人社会保护工作格局最终形成指日可待。2014年年底,最高人民法院、最高人民检察院、公安部、民政部联合出台《关于依法处理监护人侵害未成年人权益行为若干问题的意见》,对监护人侵害未成年人合法权益现象进行严厉打击,该《意见》细化未成年人监护权转移案件审理要求,建立起监护侵害情形报告处置机制,明确了民政部门和公检法机关的职责。民政部印发《关于规范生父母有特殊困难无力抚养的子女和社会散居孤儿收养工作的意见》《家庭寄养管理办法》《关于建立儿童福利领域慈善行为导向机制的意见》等规范性文件,探索建立困境儿童分类保障制度,不断完善困境儿童生活保障制度。

第八章

廉政法治:"苍蝇""老虎"一起打

◇ 一 中国廉政法治

健全法制,强化监督是中国廉政法治建设的方向。中国廉政法治体系形成了立法、司法、执法与守法、守纪几个组成板块。在立法方面,近年来的刑事法律体系已经颇为完善。司法机关在廉政法治中发挥了重要作用,检察院、法院成了廉政的法治保障。执法机关由原来的纪律监察委员会转变为了当前的监察委员会,整合了司法与执法的部分职能。守法、守纪体系的构建主要是通过党员纪律、干部纪律、工作作风等规范文件来实施。

中共十八大以来,以习近平同志为核心的党中央做出全面从严治党的战略抉择。全面从严治党是党的十八大以来党中央做出的重大战略部署,是"四个全面"战略布局的重要组成部分,也是全面建成小康社会、全面深化改革、全面依法治国顺利推进的根本保证。全面从严治党,基础在全面,关键在严,要害在治。"全面"就是管全党、治全党,面向8900多万名党员、450多万个党组织,覆盖党的建设各个领域、各个方面、各个部门,重点是抓住领导干部这个"关键少数"。"严"就是真管真严、敢管敢严、长管长严。"治"就是从党中央到省市县党委，从中央部委、国家机关部门党组（党委）到基层党支部，都要肩负起主体责任，党委书记要把抓好党建当作分内之事、必须担当的责任；各级纪委要担负起监督责任，敢于瞪眼黑脸，敢于执纪问责。

反腐败是全面从严治党的重要内容。从世界现代化的历史过程来看，腐败的大量滋生是从传统社会向现代社会转型中都曾出现过的现象，包括美国在内，绝大多数国家都有这样的经历。改革开放以来，中国也经历着这种转型腐败。经历了五年的不断努力，全面从严治党已经取得重要阶段性成果，反腐斗争形势从"依然严峻复杂"到"压倒性态势"已经形成。中国共产党着力构建不敢腐、不能腐、不想腐的体制机制，不断打破"禁区"和"惯例"。改革开放以来从未有过的反腐力度，预示着中共反腐进入"新常态"。2017年党的十九大对过往的反腐败成就总结道，坚持反腐败无禁区、全覆盖、零容忍，坚定不移"打虎""拍蝇""猎狐"，不敢腐的目标初步实现，不能腐的笼子越扎越牢，不想腐的堤坝正在构筑，反腐败斗争压倒性态势已经形成并巩固发展。

反腐败不仅是中央的精神，而且还转化为具体的纪律与长效机制。近期中央就从战略视角提出了深化国家监察体制改革，扩大监察范围，整合监察力量，构建集中统一、权威高效的国家监察体系。党的十八大以来，国家的廉政法治建设取得重要进展，在健全党内监督制度的同时，不断强化外部监督，形成了内外监督的合力，基本实现了反腐目标的初步成效。

❖二 政治生态焕然一新

党的十八大前夕,中共中央查处了薄熙来严重违纪相关问题,这让国内外对中国共产党在十八大上提出的反腐措施充满期待。"物必先腐,而后虫生。"政府腐败其可能引发的后果极为严峻,长期积累的矛盾将导致民怨载道、社会动荡,甚至政权垮台,危及国家政权的稳定。

作风建设成了反腐的首个切入点。习近平总书记在十八届中共中央政治局第一次集体学习时严肃指出:"现实生活中,一些党员、干部出现这样那样的问题,说到底是信仰迷茫、精神迷失。"党的十八大明确部署,要求"坚持以人为本、执政为民,始终保持党同人民群众的血肉联系",强调"坚持艰苦奋斗、勤俭节约,下决心改进文风会风,着力整治庸懒散奢等不良风气,坚决克服形式主义、官僚主义,以优良党风凝聚党心民心、带动政风民风"。2012年12月4日,中共中央政治局会议审议通过了中央政治局关于改进工作作风、密切联系群众的"八项规定"。

《关于改进工作作风、密切联系群众的八项规定》中的八项规定具体指的是:"一、要改进调查研究,到基层调研要深入了解真实情况,总结经验、研究问题、解决困难、指导工作,向群众学习、向实践学习,多同群众座谈,多同干部谈心,多商量讨论,多解剖典型,多到困难和矛盾集中、群众意见多的地方去,切忌走过场、搞形式主义,要轻车简从、减少陪同、简化接待,不张贴悬挂标语横幅,不安排群众迎送,不铺设迎宾地毯,不摆放花草,不安排宴请。二、要精简会议活动，切实改进会风，严格控制以中央名义召开的各类全国性会议和举行的重大活动，不开泛泛部署工作和提要求的会，未经中央批准一律不出席各类剪彩、奠基活动和庆祝会、纪念会、表彰会、博览会、研讨会及各类论坛；提高会议实效，开短会、讲短话，力戒空话、套话。三、要精简文件简报，切实改进文风，没有实质内容、可发可不发的文件、简报一律不发。四、要规范出访活动，从外交工作大局需要出发合理安排出访活动，严格控制出访随行人员，严格按照规定乘坐交通工具，一般不安排中资机构、华侨华人、留学生代表等到机场迎送。五、要改进警卫工作，坚持有利于联系群众的原则，减少交通管制，一般情况下不得封路、不清场闭馆。六、要改进新闻报道，中央政治局同志出席会议和活动应根据工作需要、新闻价值、社会效果决定是否报道，进一步压缩报道的数量、字数、时长。七、要严格文稿发表，除中央统一安排外，个人不公开出版著作、讲话单行本，不发贺信、贺电，不题词、题字。八、要厉行勤俭节约，严格遵守廉洁从政有关规定，严格执行住房、车辆配备等有关工作和生活待遇的规定。"

被称为"铁八条"的中央八项规定发布以来，党风政风得到了全面的改善。截至2018年底，全国累计查处违反中央八项规定精神问题271407起。

遏制挥霍浪费也是改进工作作风、密切联系群众的重要制度内容。为此，中共中央、国务院印发了《关于严禁中央和国家机关使用"特供""专供"等标识的通知》《党政机关厉行节约反对浪费条例》《中央和国家机关会议费管理办法》《党政机关国内公务接待管理规定》《关于严禁公款购买印制寄送贺年卡等物品的通知》《关于党政机关停止新建楼堂馆所和清理办公用房的通知》等多项规定，要求各级部门和国家工作人员反对浪费、厉行节约。其中,《国务院办公厅关于对贯彻落实"约法三章",进一步加强督促检查的意见》和《党政机关厉行节约反对浪费条例》是两部较为系统地规定党政机关反对浪费、厉行节约相关规范的法规,遵循先有预算、后有支出的原则,要求强化预算管理。《条例》规定,党政机关应当建立健全厉行节约、反对浪费的信息公开制度,按照及时、方便、多样的原则①,以适当方式公开本单位预算和决算信息以及政府采购、国内公务接待、召开会议、举办培训、办公用房、公务支出和公款消费的审计结果等方面的信息。《党政机关国内公务接待管理规定》则进一步明晰了公务接待的标准、监督措施等。《国务院办公厅关于对贯彻落实"约法三章"进一步加强督促检查的意见》则明确要求财政供养人员只减不增,政府性楼堂馆所一律不得新建,强化相关监督措施,提出建立行政首长负责制。

在改进工作作风、惩治腐败初见成效之际,习近平总书记在江苏调研时提出了"四个全面"的战略布局。"四个全面"即全面建成小康社会、全面深化改革、全面依法治国、全面从严治党。"四个全面"战略布局的提出,更完整地展现出新一届中央领导集体治国理政总体框架,使当前和今后一个时期,党和国家各项工作关键环节、重点领域、主攻方向更加清晰,内在逻辑更加严密,这对推动改革开放和社会主义现代化建设迈上新台阶提供了强力保障。

在"四个全面"战略的指引下,中国共产党自2015年开始在县处级以上领导干部中逐步开展"三严三实"专题教育。"三严三实"指的是,习近平总书记在中华人民共和国第十二届全国人民代表大会

---

① 参见周小雯《公款恶性挥霍的刑法规制》,硕士学位论文,西南政法大学,2014年。

第二次会议安徽代表团参加审议时，关于推进作风建设的讲话中，提到"既严以修身、严以用权、严以律己；又谋事要实、创业要实、做人要实"的重要论述。中共中央办公厅印发《关于在县处级以上领导干部中开展"三严三实"专题教育方案》。专题教育将经常性教育融入群众路线教育实践活动中，增强了从严治党的浓厚氛围、树立了领导干部的标杆作用。中央严肃查处周永康、薄熙来、郭伯雄、徐才厚、令计划、苏荣等严重违纪案件。坚决查处腐败官员，彰显了党中央尊崇党章、严肃党纪、推进全面从严治党、坚决惩治腐败的鲜明态度和坚定决心。

治理一个国家、一个社会，关键是要立规矩、讲规矩、守规矩。党章是全党必须遵循的总章程，也是总规矩。"两学一做"是固本培元的良方。"两学一做"学习教育指的是"学党章党规、学系列讲话，做合格党员"学习教育。2016年2月，中共中央办公厅印发了《关于在全体党员中开展"学党章党规、学系列讲话，做合格党员"学习教育方案》。2017年，中共中央办公厅进一步印发了《关于推进"两学一做"学习教育常态化制度化的意见》，要求推进"两学一做"学习教育常态化制度化，要坚持全覆盖、常态化、重创新、求实效，坚持学做结合，依托党委（党组）理论学习中心组学习等基本制度，融入日常、抓在经常，防止形式主义。

党的十八大以来，党中央大力展开了从严治党实践的全面探索、逐步形成并完善了全面从严治党思想的理论内容。理论的提升不仅要基于对中国共产党政党属性的深刻认识，更要基于对新时期党的建设面临的真实情况的全面预测。以全面从严治党为"抓手"是带动整个党的建设的重中之重，自党的十八大召开，党的建设布局呈现出新特点：逐步呈现出以全面从严治党为"抓手"，以党的先进性和纯洁性为"主线",带动廉政法治整体建设。梳理近年来思想发展历程,党的十八大召开前党就多次强调党的纯洁性建设,党的十八大之后,党的纯洁性建设逐步上升为新时期党的"主线"之一。直至2014年,"全面从严治党"的思想在党的群众路线教育实践活动总结大会中被明确提出。在这一探索实践的过程中,思想——实践——思想的逻辑使得这一党建思路更加明晰,与全面深化改革、全面推进依法治国、全面建成小康社会高度结合起来。全面从严治党事关党的建设成效,更上升成为以习近平同志为核心的党中央领导集体的治国理政思想,成为重大战略部署之一,政治生态焕然一新。

◇三 建成廉政法治体系

习近平总书记强调:"要善于用法治思维和法治方式反对腐败,加强反腐败国家立法,加强反腐倡廉党内法规制度建设,让法律制度刚性运行。"廉政法治体系的建设首先要求用法治的思维规划指导和引领党风廉政建设和反腐败工作,结合党和国家大力推进依法治国的重大方略和纪检监察工作实践,认真解决好与法治要求之间不相适应的突出矛盾和问题。

(一)完善党内法规体制建设

党内法规指的是党的中央组织以及中央纪律检查委员会、中央各部门和省、自治区、直辖市党委制定的规范党组织的工作、活动和党员行为的党内规章制度的总称。党章是最根本的党内法规,是制定其他党内法规的基础和依据。1990年,中共中央颁布了《中国共产党党内法规制定程序暂行条例》，正式使用了党内法规这一名称。1992年，党的十四大修改的党章明确规定党的各级纪委的主要任务是"维护党的章程和其他党内法规"，自此"党内法规"正式写入党章。2012年5月，中共中央颁布了《中国共产党党内法规制定条例》，标志着党内法规制定工作的进一步规范化、科学化。

中国共产党执政60多年，出台了许多的"红头文件"和规章制度，却从未开展过集中清理工作，党内法规制度体系当中也存在不适应、不协调、不衔接、不一致的问题。党的十八届四中全会通过的《中共中央关于全面推进依法治国若干重大问题的决定》强调，加强党内法规制度建设，形成配套完备的党内法规制度体系。着眼于加强党内法规制度建设、形成完善的党内法规体系，急需通过清理工作系统总结中国共产党历史上法规制度建设的经验得失，探索党的制度建设的内在规律，为深化党的建设制度改革提供科学指导。

2013年8月，《中共中央关于废止和宣布失效一批党内法规和规范性文件的决定》发布。根据计划，中央办公厅等50多个部门对新中国成立至2012年6月期间出台的2.3万多件中央文件进行了全面筛查。经过清理，1178件中央党内法规和规范性文件中，322件被废止、369件被宣布失效，二者共占58.7%；继续有效的只有487件，其中42件需适时进行修改。通过清理，摸清了中央党内法规制度的家底，一揽子解决了党内法规制度中存在的不适应、不协调、不衔接、不一致问题，有力维护了党内法规制度的协调统一，有利于党内法规制度的遵守和执行。

（二）加强对公权力的管理和监督

党的十八大以来，习近平总书记始终强调"从人抓起""关键在人",抓住领导干部这个"关键少数",就等于抓住了"牛鼻子"。从严治党强调"关键是要抓住领导干部这个'关键少数',从严管好各级领导干部"。因为在整个社会群体中,领导干部虽然人数不多,但他们是治国理政的骨干力量。作为全面依法治国的重要组织者、推动者、实践者,领导干部肩负着带领人民群众把依法治国各项部署落到实处的重任,毫无疑问是"关键少数"。在习近平总书记看来,领导干部既负有领导责任,也负有示范责任。上面偏出一尺,下面就要跑出一丈。领导干部只有带好头、做榜样,才能成为无声的命令,产生强大的感召力。

有权必有责,用权受监督,失职要问责。十八届中央纪委六次全会公报提出,急需制定切实可行的党内问责规范,把"问责"作为从严治党的重要手段,做到"失责必问",并使之成为常态。在此次会议上,习近平总书记明确要求,要整合问责制度,健全问责机制,坚持有责必问、问责必严。制定党内问责条例,是党内问责走向精细化、系统化和法治化的现实需要,[1] 更是加强全面从严治党的迫切要求。

目前党内问责制度具有碎片化的特征,相关问责条款分布散落在《中国共产党纪律处分条例》《行政监察法》《中华人民共和国公务员法》《关于实行党政领导干部问责的暂行规定》等法律法规中,不成体系。同时,很多条款都是原则性规定,操作的弹性解读空间很大,由此说明,党内问责机制在广度、力度和锐度都有更高的要求。党的十八大以后,加强党内法规与共产党廉洁自律的文件逐渐形成了严密的廉政体系。中共中央相继印发《中国共产党纪律处分条例》《中国

---

[1] 参见《中共中央印发〈中国共产党问责条例〉》,http://news.xinhuanet.com/politics/2016-07/17/c_1119232150.htm,最后访问时间:2017年7月18日。

共产党廉洁自律准则》《关于新形势下党内政治生活的若干准则》《中国共产党问责条例》等最严党纪党规。

在问责的方式上,《中国共产党问责条例》规定的对党的领导干部问责方式包括四种,通报、诫勉、组织调整或者组织处理、纪律处分,其中诫勉既包括谈话诫勉,也包括书面诫勉;组织调整或组织处理包括停职检查、调整职务、责令辞职、降职、免职等。[①] 条例还回应了党的十八大以来提出的"全面从严治党"的政策。当从多个维度治理党内乱象。严治治党不力,主体责任、监督责任落实不到位的问题,对于党内问题的借故回避、相互包庇,发现问题按下不说、既不整改也不问责,造成严重后果的,党组织和党的领导干部应当予以问责。

在干部任用上,2014 年 1 月,中央印发了新修订的《干部任用条例》,把评价干部好坏的标准贯彻体现到干部选拔任用的基本条件、基本原则、基本要求等各个方面。修订后的《干部任用条例》,体现了党中央对干部培养工作的新精神、新要求。为下层机构单位更好地贯彻落实中央精神,建立健全科学的干部选拔任用机制,应对干部选拔工作中的突出问题,意义重大。

怎么样才能充分地将好的干部选拔出来,充分利用?根本上要有科学有效的制度机制作为保障。干部选用工作涉及复杂敏感地带,必须有规范的制度加以把持;其重要性要有更加完善的制度性加以保障。新修订的《干部任用条例》作为新时期党选人用人的总章程,必须以其极大的强制性和约束力来规范选人用人工作。《条例》在明确具体适用情形的同时,进一步规定了选拔任用的基本条件和法律规

---

① 参见《用问责砥砺全党　用担当诠释忠诚——深入贯彻落实〈中国共产党问责条例〉》,《四川党的建设》2016 年第 8 期。

定、章程规定的资格不能破,提出一系列的限制规定,例如不得在任职年限上连续破格,不得越两级提拔,任职试用期未满或者提拔任职不满一年的不得破格提拔等,并在过程公开和审批把关两个方面更加严格限定,防止"破格"变成"出格"。与此同时,《条例》针对近年来社会上广为关注的官员"复出"和"裸官"问题进行了严格细致的规定。修订后的《干部任用条例》列出六种不得列为考察对象的具体情形,其中包括子女均已移居国(境)外的"裸官"、配偶已移居国(境)外或者没有配偶等。

四 加强党纪实践,保持反腐常态化

在重整政风民风的基础上,中央进一步加强党纪实践。习近平总书记关于治国理政的重要论述中提出,要坚持"老虎"和"苍蝇"一起打,讲话精神贯穿了党的十八大以来反腐败工作和中央党风廉政建设的全过程,指导中央和各地纪检监察机关坚定不移地做好执纪监督问责工作。

(一)中央巡视全覆盖

巡视是中央加强党纪实践与监督的重要方式。巡视是党章规定的一项重要制度,是加强党的建设的重要举措,是从严治党、维护党纪的重要手段,是加强党内监督的重要形式。目前,党中央和省、自治区、直辖市实行巡视制度,建立专门巡视机构对下级党组织领导班子及其成员进行巡视监督。

党的十八大以来,中央巡视工作领导小组共组织开展12轮巡视,巡视277个单位党组织，对16个省区市开展"回头看"，对4个中央单位进行"机动式"巡视。截至2017年4月底，顺利完成对8362个地方、部门、企事业单位党组织全面巡视任务，实现巡视全覆盖、监督无禁区。中央机关巡视全覆盖经历了四个阶段。第一阶段是2014年第四轮巡视时，实现对31个省区市和新疆生产建设兵团全覆盖；第二阶段是2015年第八轮巡视时，实现对中管国有重要骨干企业和中管金融单位全覆盖；第三阶段是2016年第十一轮巡视时，实现对中央部门和事业单位全覆盖；第四阶段是2017年第十二轮巡视时，实现对中央管理的高校全覆盖。2018年开始，中央又陆续开展第十九轮中央巡视工作。

巡视工作取得丰硕成果，重要原因之一在于方式方法创新和范围的拓展延伸，巡视工作更加机动灵活。常规巡视、专项巡视、机动巡视以及巡视"回头看"等形式日益丰富。其中，仅十八届中央第十二轮巡视中，就包括进驻29所中管高校开展专项巡视，进驻4个省区进行巡视"回头看"，进驻4家单位开展"机动式"巡视等多种巡视方式。

此外，"三个不固定"是突出的亮点之一，即中央巡视组的组长不固定、巡视对象不固定、巡视组与巡视对象的关系不固定。此前，中央巡视组组长一般一届任期5年。中央巡视组内部还有地方巡视组、金融巡视组、企业巡视组等。中央巡视组副局级巡视专员王瑛介绍，党的十八大以后，中央巡视组组长实行一次一授权、一次一任命；中央巡视组内部也不再有地方、企业和金融这样的划分；巡视组的具体任务，根据每一轮的任务临时确定。

随着巡视工作的不断深入，巡视也在走向制度化。2015年8月，修改后的巡视工作条例正式颁布。条例强调巡视全覆盖、全国一盘棋,中央巡视组的巡视范围不仅包括省区市四套班子,副省级城市也纳入巡视范围;增加专项巡视条款等。21个月后,巡视条例再度修改。审议通过的《关于修改〈中国共产党巡视工作条例〉的决定》总结吸纳了巡视工作实践创新成果。

(二)预防与惩罚并举

健全的法律制度体系是有法可依、有法必依、执法必严、违法必究的前提和基础。党内反腐相关法律制度体系的建设,既需要完善既有的法规制度,关紧制度笼子,更需要落实重要领域的立法进程。实践过程中,类似的违纪行为或案件,开除党籍和给予警告都是在原则规定允许的范围内执行纪律规定,裁量空间很大。①

因此,党和国家应认真探究怎样去弥合党纪与国法之间的缝隙,进一步加大反腐相关法规的制定力度,以制度来保障排除公权力寻租的空间。就中央而言,更应紧贴反腐败斗争新形势、新要求,关注消极腐败现象的新特点、新趋势,加紧顶层谋划;加强与其之间工作运转程序衔接的制度建设。在地方层面,有的地方已经对一些制度先行先试,应当在操作执行层面反映良好的经验进行积累与升华。②

从严治党与依法治国是相辅相成的,从严治党才能保障党的坚强领导,依法治国只有在中国共产党的领导下才能有序推进。从严治党是对党的组织和党员干部在党纪和国法上的双重要求,依法治国是从整体上对公权力和私权利的依法治理。从严治党和依法治国都将在全

---

① 付静:《用法治思维推进党风廉政建设和反腐败工作》,《中国纪检监察报》2014年10月21日第6版。
② 参见周小雯:《公款恶性挥霍的刑法规制》,硕士学位论文,西南政法大学,2014年。

面深化改革中以制度化形式巩固、固定和推进。

(三) 反腐败势头强劲

党的十八大以来，全党以"零容忍"的坚定决心惩治腐败。查处贪官人数数量众多，涉及官员级别没有上限，反腐行动密度极大，涉及领域十分广泛，这都是以往的反腐战略中不曾出现的新局势。150多位身居要职的官员先后落马，20多名基层官员被惩治处分。几年时间内，给予党纪政纪处分人数和审查高级干部人数，屡创新高。惩治力度辐射各个地区，被查处的高级干部覆盖了31个省区市。

五 零容忍态度惩治腐败，加强反腐败国际合作

"中国坚持有腐必反、有贪必肃，以零容忍态度惩治腐败，加强反腐败国际合作。"2015年，在二十国集团领导人第十次峰会第二阶段会议上，习近平主席提出，中方将支持二十国集团加强国际追逃追赃务实合作。每年的12月9日是联合国确定的"国际反腐败日"，这一天，联合国都会倡导"帮助消除腐败是每个人应尽职责"的理念。近年来，中国在国际反腐败合作领域做出了诸多努力，取得了显著成果。

(一) 跨国追逃追赃

2014年11月，在中国的主导推动下，亚太经济合作组织非正式领导人峰会强调将加大反腐败合作力度，并通过《北京反腐败宣言》。《宣言》称将建立"APEC反腐执法合作网络"，在亚太地区全面开展

追逃追赃方面的合作，各国将联手打击跨境腐败行为。至此，亚太地区的反腐网络初步建立，而腐败分子的"逃脱之梦"将告破灭。此后不久，二十国集团峰会又核准了《2015—2016年G20反腐败行动计划》，将完善反腐败合作网络，加强司法互助，返还腐败资产，拒绝为腐败官员提供避罪港等。① 截至2018年底，公安机关开展"猎狐行动"，共从120多个国家和地区抓获逃犯4600名。

同时，中国进一步加强反腐败领域合作的国际政治互信。2015年5月8日，中国与俄罗斯共同签署并发表《中华人民共和国和俄罗斯联邦关于深化全面战略协作伙伴关系、倡导合作共赢的联合声明》，首次将加强反腐败合作纳入国家间的联合声明中，彰显了反腐败国际合作上升至国家战略协作的高度。2015年正值中美执法合作联合联络小组反腐败工作组成立10周年，在加强合作共同打击跨国罪犯方面，中美两国已达成共识："反腐败在中美两国都取得了越来越重要的地位，反腐败工作组成为双边关系的亮点。"

2015年，中国在引渡合作领域取得巨大成果。中国已加入20多项含有引渡司法协助条款的国际刑事多边公约，中国还积极参与引渡涉人权问题的国际司法实践，提出的引渡请求获得国际司法机构的支持。2015年6月，美洲人权法院对"黄海勇诉秘鲁引渡案"做出判决，判定被请求引渡人黄海勇败诉，被请求引渡国秘鲁胜诉，从而支持了秘鲁政府的引渡决定和中国提出的引渡请求。当中国更加广泛地参与引渡事务及承担国际人权义务时，被牵涉国际司法实践的情况在所难免。中国国内法治与人权保障事业的不断进步与发展必将为引渡条约的缔结与相关实践奠定重要基础。

---

① 《2014年中国法治状况与2015年发展趋势》，http：//www.cssn.cn/fx/fx_yzyw/201504/t20150402_1573559.shtml，最后访问日期：2017年7月18日。

(二) 加强国际反腐合作,反腐行动效果显著

2016年9月,在G20杭州峰会上,中国充分发挥二十国集团反腐败工作组主席国作用,推动通过《二十国集团反腐败追逃追赃高级原则》《二十国集团2017—2018年反腐败行动计划》,并在华设立二十国集团反腐败追逃追赃研究中心。《二十国集团反腐败追逃追赃高级原则》开创性地提出对外逃腐败人员和外流腐败资产"零容忍"、国际反腐败追逃追赃体系和机制"零漏洞"、各国开展反腐败追逃追赃合作"零障碍"的概念。

◇六 创新廉政体制改革,启动监察体制改革

落实了党内纪律的从严布局后,为了整合反腐资源,监察体制改革即告启动。党的十八届六中全会公报中阐明,"各级党委应当支持和保证同级人大、政府、监察机关、司法机关等对国家机关及公职人员依法进行监督",首次将监察机关与人大、政府等并列提出。2016年12月,全国人民代表大会常务委员会通过《全国人民代表大会常务委员会关于在北京市、山西省、浙江省开展国家监察体制改革试点工作的决定》,正式在三省市推行改革方案。与此同时,监察委员会有关的系列制度也试图在法治建设中得到进一步改进。

(一) 顶层设计:设立监察委员会

中国共产党第十八届中央委员会第六次全体会议审议通过了《中国共产党党内监督条例》,其中规定,各级党委应当支持和保证同级

人大、政府、监察机关、司法机关等对国家机关及公职人员依法进行监督，首次出现了"监察机关"与人大、政府和司法机关并列的提法。2016年11月，中共中央办公厅印发《关于在北京市、山西省、浙江省开展国家监察体制改革试点方案》，首度对外界公布了本轮监察改革的基本目标和思路。12月25日，十二届全国人大常委会第二十五次会议高票通过国家监察体制改革试点工作的决定。2017年1月8日，十八届中央纪委七次全会闭幕，提出了2017年监察体制改革的"时间表"：试点地区先完成检察机关相关部门的转向，确保2017年3月底完成省级监察委员会组建工作，6月底完成市、县两级监察委员会组建工作。2018年3月17日，第十三届全国人民代表大会第一次会议审议通过了国务院机构改革方案，将中华人民共和国监察部并入新组建的国家监察委员会。2018年3月20日，第十三届全国人大一次会议表决通过了《中华人民共和国监察法》。2018年3月23日，中华人民共和国国家监察委员会在北京揭牌。根据法律规定，中华人民共和国国家监察委员会是最高监察机关。

新设立的监察委员会集合了三项职权和十二项措施。三项职权包括：监督、调查和处置，监督检查公职人员依法履职、秉公用权、廉洁从政以及道德操守情况，调查涉嫌贪污贿赂、滥用职权、玩忽职守、权力寻租、利益输送、徇私舞弊以及浪费国家资财等职务违法和职务犯罪行为并做出处置决定，对涉嫌职务犯罪的，移送检察机关依法提起公诉。为履行以上这些职权，监察委员会可以采取"谈话、讯问、询问、查询、冻结、调取、查封、扣押、搜查、勘验检查、鉴定、留置"等十二项措施。

(二) 试点改革

自试点以来，国家监察体制改革工作一直受到人们的关注。监察体制改革的重要进展在于逐步从试点改革中吸取大量的实践经验，及时总结提炼并上升为国家的基本制度，纳入宪法的范畴中来。从过往的制度化历程看，《中国共产党党内监督条例》正式提出了"监察机关"的法律概念。2016年年底印发的《关于在北京市、山西省、浙江省开展国家监察体制改革试点方案》为这一年多来的试点改革划定了路线图与时间表。该方案提出，2017年3月底完成省级监察委员会组建工作，6月底完成市、县两级监察委员会组建工作。

此次试点工作中，最为突出的制度创新就在于监察委员会和纪委的合署办公机制。根据该制度，监察机关对党委全面负责，同时履行纪检、监察职责。相关的党组机制、领导机制都在试点过程中进行了探索实践，初步形成了一套完整的工作机制与运作方式。在总体试点框架的基础上，一些试点地方还根据本地的实际情况采取了不同的制度措施。例如，有试点地方将监察机关更名为派驻纪检监察组，横向延伸相关机关的监察职能。还有试点地方重视乡镇纪检干部的重要性，将其视为国家监察体制在基层的"神经网络"的触手，通过赋权机制鼓励其发挥辅助乡镇党委的监察工作的作用。总体来看，从试点改革到国家制度运行，从地方到中央形成了一种良好的制度创新机制，监察机制试点改革正是在这种良性的改革中，不断为制度化的发展奠定坚实的经验基础。① 十三届全国人大一次会议第八次全体会议

---

① 《成为监察体制改革试点后 京浙晋三地配套工作渐入角色》，http://cpc.people.com.cn/n1/2017/0213/c164113-29075950.html，最后访问日期：2017年7月18日。

表决通过《中华人民共和国监察法》。

2017年10月,中共中央办公厅印发《关于在全国各地推开国家监察体制改革试点方案》。11月,十二届全国人大常委会第三十次会议通过《关于在全国各地推开国家监察体制改革试点工作的决定》。11月7日,备受关注的《监察法(草案)》开始向社会公开征求意见。草案以《行政监察法》为基础进行修改,形成关于国家监察制度的基本法律。草案规定了监察委员会的组织方式、职权与责任,国家监察委员会由全国人民代表大会产生,负责全国监察工作,监察官是依法行使监察权的监察人员。国家实行监察官等级制度,制定监察官等级设置、评定和晋升办法。在此基础上,草案确定监察机关将对六大类公职人员进行监察。

◇七 全面从严治党永远在路上

2017年的中国共产党第十九次全国代表大会提出,新时代中国将进一步夺取反腐败斗争压倒性胜利,健全党和国家监督体系。2018年3月11日,第十三届全国人民代表大会第一次会议通过宪法修正案。第一百二十五条规定中华人民共和国国家监察委员会是最高监察机关。随后,第十三届全国人民代表大会第一次会议审议通过了国务院机构改革方案,将中华人民共和国监察部与预防腐败局并入新组建的国家监察委员会。

廉政与国家的现代化治理紧密融合,呈现出廉政治理现代化的趋势。廉政治理的水平,是执政党执政能力的重要体现。在经历了近七十年的执政洗礼之后,中国共产党在执政实践中积累了丰富的经验,但也衍生出不少现实问题。伴随着改革开放的洪流，一部分党内成员不能坚守共产主义的信仰，忘弃了执政为民的初心，出现了严重的腐败倾向，造成了不良的社会影响，激化一定层面上的阶层矛盾。这是新时期中国共产党必须面对的政治课题。

自党的十八大以来，以习近平同志为核心的党中央秉持坚定的决心，势必要将党内的腐败恶习彻底清理，并取得了显著的成果。不论是国内的制度搭建还是国际的谋求合作，都体现出新一代领导集体谋求新的发展，坚守党的作风的政治决心。征途漫漫，前途仍然充满挑战。

附 录

表1　　2012—2018年全国人民代表大会及其常务委员会立法情况

年度	序号	颁布时间	法律名称
2012	1	2012年2月29日	《中华人民共和国清洁生产促进法》（修改）
	2	2012年3月14日	《刑事诉讼法》（修改）
	3	2012年4月27日	《军人保险法》（制定）
	4	2012年6月30日	《出境入境管理法》（制定）
	5	2012年6月30日	《中国人民解放军选举全国人民代表大会和县级以上地方各级人民代表大会代表的办法》（修改）
	6	2012年8月31日	《民事诉讼法》（修改）
	7	2012年8月31日	《农业技术推广法》（修改）
	8	2012年10月26日	《精神卫生法》（制定）
	9	2012年10月26日	《监狱法》（修改）
	10	2012年10月26日	《律师法》（修改）
	11	2012年10月26日	《未成年人保护法》（修改）
	12	2012年10月26日	《预防未成年人犯罪法》（修改）
	13	2012年10月26日	《治安管理处罚法》（修改）
	14	2012年10月26日	《国家赔偿法》（修改）
	15	2012年10月26日	《人民警察法》（修改）
	16	2012年10月26日	《邮政法》（修改）
	17	2012年12月28日	《劳动合同法》（修改）
	18	2012年12月28日	《农业法》（修改）
	19	2012年12月28日	《老年人权益保障法》（修订）
	20	2012年12月28日	《证券投资基金法》（修订）

续表

年度	序号	颁布时间	法律名称
2013	1	2013年4月25日	《旅游法》（制定）
	2	2013年6月29日	《特种设备安全法》（制定）
	3	2013年6月29日	《种子法》（修改）
	4	2013年6月29日	《传染病防治法》（修改）
	5	2013年6月29日	《民办教育促进法》（修改）
	6	2013年6月29日	《证券法》（修改）
	7	2013年6月29日	《动物防疫法》（修改）
	8	2013年6月29日	《煤炭法》（修改）
	9	2013年6月29日	《固体废物污染环境防治法》（修改）
	10	2013年6月29日	《税收征收管理法》（修改）
	11	2013年6月29日	《进出口商品检验法》（修改）
	12	2013年6月29日	《海关法》（修改）
	13	2013年6月29日	《草原法》（修改）
	14	2013年6月29日	《文物保护法》（修改）
	15	2013年8月30日	《商标法》（修正）
	16	2013年10月25日	《消费者权益保护法》（修正）
	17	2013年12月28日	《全国人民代表大会常务委员会批准国务院关于劳动教养问题的决定的决议》（废止）
	18	2013年12月28日	《全国人民代表大会常务委员会批准国务院关于劳动教养的补充规定的决议》（废止）
	19	2013年12月28日	《海洋环境保护法》（修改）
	20	2013年12月28日	《药品管理法》（修改）
	21	2013年12月28日	《计量法》（修改）
	22	2013年12月28日	《渔业法》（修改）
	23	2013年12月28日	《海关法》（修改）
	24	2013年12月28日	《烟草专卖法》（修改）
	25	2013年12月28日	《公司法》（修改）

续表

年度	序号	颁布时间	法律名称
2014	1	2014年4月24日	《环境保护法》（修订）
	2	2014年4月24日	全国人民代表大会常务委员会关于《中华人民共和国刑法》第三百四十一条、第三百一十二条的解释
	3	2014年4月24日	全国人民代表大会常务委员会关于《中华人民共和国刑法》第一百五十八条、第一百五十九条的解释
	4	2014年4月24日	全国人民代表大会常务委员会关于《中华人民共和国刑法》第三十条的解释
	5	2014年4月24日	全国人民代表大会常务委员会关于《中华人民共和国刑法》第二百六十六条的解释
	6	2014年4月24日	全国人民代表大会常务委员会关于《中华人民共和国刑事诉讼法》第二百七十一条第二款的解释
	7	2014年4月24日	全国人民代表大会常务委员会关于《中华人民共和国刑事诉讼法》第二百五十四条第五款、第二百五十七条第二款的解释
	8	2014年6月27日	《军事设施保护法》（修订）
	9	2014年8月31日	《安全生产法》（修订）
	10	2014年8月31日	《预算法》（修订）
	11	2014年8月31日	《气象法》（修改）
	12	2014年8月31日	《政府采购法》（修改）
	13	2014年8月31日	《注册会计师法》（修改）
	14	2014年8月31日	《证券法》（修改）
	15	2014年8月31日	《保险法》（修改）
	16	2014年11月1日	《国家安全法》（废止）
	17	2014年11月1日	《反间谍法》（制定）
	18	2014年11月1日	《行政诉讼法》（修订）
	19	2014年11月1日	全国人民代表大会常务委员会关于《中华人民共和国民法通则》第九十九条第一款、《中华人民共和国婚姻法》第二十二条的解释
	20	2014年12月28日	《航道法》（制定）

续表

年度	序号	颁布时间	法律名称
2015	1	2015年2月27日	全国人民代表大会常务委员会关于授权国务院在北京市大兴区等三十三个试点县（市、区）行政区域暂时调整实施有关法律规定的决定
	2	2015年3月15日	《立法法》（修改）
	3	2015年4月24日	《广告法》（修订）
	4	2015年4月24日	《食品安全法》（修订）
	5	2015年4月24日	《税收征收管理法》（修改）
	6	2015年4月24日	《固体废物污染环境防治法》（修改）
	7	2015年4月24日	《枪支管理法》（修改）
	8	2015年4月24日	《证券投资基金法》（修改）
	9	2015年4月24日	《城乡规划法》（修改）
	10	2015年4月24日	《计量法》（修改）
	11	2015年4月24日	《义务教育法》（修改）
	12	2015年4月24日	《邮政法》（修改）
	13	2015年4月24日	《铁路法》（修改）
	14	2015年4月24日	《公证法》（修改）
	15	2015年4月24日	《烟草专卖法》（修改）
	16	2015年4月24日	《药品管理法》（修改）
	17	2015年4月24日	《文物保护法》（修改）
	18	2015年4月24日	《港口法》（修改）
	19	2015年4月24日	《防洪法》（修改）
	20	2015年4月24日	《保险法》（修改）
	21	2015年4月24日	《民用航空法》（修改）
	22	2015年4月24日	《畜牧法》（修改）
	23	2015年4月24日	《电力法》（修改）
	24	2015年4月24日	《拍卖法》（修改）
	25	2015年4月24日	《老年人权益保障法》（修改）
	26	2015年4月24日	《动物防疫法》（修改）
	27	2015年4月24日	《电子签名法》（修改）
	28	2015年4月24日	《就业促进法》（修改）

续表

年度	序号	颁布时间	法律名称
2015	29	2015年4月24日	全国人民代表大会常务委员会关于授权在部分地区开展人民陪审员制度改革试点工作的决定
	30	2015年7月1日	《国家安全法》（制定）
	31	2015年8月29日	《促进科技成果转化法》（修改）
	32	2015年8月29日	《刑法修正案（九）》
	33	2015年8月29日	《选举法》（修改）
	34	2015年8月29日	《地方组织法》（修改）
	35	2015年8月29日	《代表法》（修改）
	36	2015年8月29日	《大气污染防治法》（修改）
	37	2015年8月29日	《商业银行法》（修改）
	38	2015年8月29日	全国人大常委会关于批准《中华人民共和国和大不列颠及北爱尔兰联合王国关于刑事司法协助的条约》的决定
	39	2015年11月4日	《种子法》（修改）
	40	2015年12月27日	《反家庭暴力法》（制定）
	41	2015年12月27日	《反恐怖主义法》（制定）
	42	2015年12月27日	《人口与计划生育法》（修改）
	43	2015年12月27日	《国家勋章和国家荣誉称号法》（制定）
	44	2015年12月27日	《教育法》（修改）
2016	1	2016年2月26日	《深海海底区域资源勘探开发法》（制定）
	2	2016年3月16日	《慈善法》（制定）
	3	2016年4月28日	《境外非政府组织境内活动管理法》（制定）
	4	2016年7月2日	《资产评估法》（制定）
	5	2016年7月2日	《野生动物保护法》（修订）
	6	2016年7月2日	《节约能源法》（修改）
	7	2016年7月2日	《水法》（修改）
	8	2016年7月2日	《防洪法》（修改）
	9	2016年7月2日	《职业病防治法》（修改）
	10	2016年7月2日	《航道法》（修改）
	11	2016年7月2日	《环境影响评价法》（修改）
	12	2016年9月3日	《国防交通法》（制定）

续表

年度	序号	颁布时间	法律名称
2016	13	2016年9月3日	《外资企业法》（修改）
	14	2016年9月3日	《中外合资经营企业法》（修改）
	15	2016年9月3日	《中外合作经营企业法》（修改）
	16	2016年9月3日	《台湾同胞投资保护法》（修改）
	17	2016年9月3日	全国人民代表大会常务委员会《关于授权最高人民法院、最高人民检察院在部分地区开展刑事案件认罪认罚从宽制度试点工作的决定》
	18	2016年11月7日	《对外贸易法》（修改）
	19	2016年11月7日	《海上交通安全法》（修改）
	20	2016年11月7日	《海关法》（修改）
	21	2016年11月7日	《档案法》（修改）
	22	2016年11月7日	《中外合作经营企业法》（修改）
	23	2016年11月7日	《体育法》（修改）
	24	2016年11月7日	《民用航空法》（修改）
	25	2016年11月7日	《固体废物污染环境防治法》（修改）
	26	2016年11月7日	《煤炭法》（修改）
	27	2016年11月7日	《公路法》（修改）
	28	2016年11月7日	《气象法》（修改）
	29	2016年11月7日	《旅游法》（修改）
	30	2016年11月7日	全国人民代表大会常务委员会《关于〈中华人民共和国香港特别行政区基本法〉第一百零四条的解释》（立法解释）
	31	2016年11月7日	《网络安全法》（制定）
	32	2016年11月7日	《电影产业促进法》（制定）
	33	2016年11月7日	《民办教育促进法》（修订）
	34	2016年11月7日	《海洋环境保护法》（修订）
	35	2016年12月25日	《中医药法》（制定）
	36	2016年12月25日	《公共文化服务保障法》（制定）
	37	2016年12月25日	《环境保护税法》（制定）
	38	2016年12月25日	全国人民代表大会常务委员会《关于在北京市、山西省、浙江省开展国家监察体制改革试点工作的决定》

续表

年度	序号	颁布时间	法律名称
2016	39	2016年12月25日	全国人民代表大会常务委员会《关于授权国务院在部分地区和部分在京中央机关暂时调整适用〈中华人民共和国公务员法〉有关规定的决定》
	40	2016年12月25日	全国人民代表大会常务委员会《关于授权国务院在河北省邯郸市等12个试点城市行政区域暂时调整适用〈中华人民共和国社会保险法〉有关规定的决定》
	41	2016年12月25日	全国人民代表大会常务委员会《关于军官制度改革期间暂时调整适用相关法律规定的决定》
2017	1	2017年2月24日	《中华人民共和国红十字会法》（修订）
	2	2017年2月24日	《中华人民共和国企业所得税法》（修正）
	3	2017年3月15日	《中华人民共和国民法总则》（制定）
	4	2017年4月27日	《中华人民共和国测绘法》（修订）
	5	2017年4月27日	《全国人民代表大会常务委员会关于延长人民陪审员制度改革试点期限的决定》
	6	2017年6月27日	《中华人民共和国水污染防治法》（修正）
	7	2017年6月27日	《中华人民共和国国家情报法》（制定）
	11	2017年6月27日	《中华人民共和国民事诉讼法》（修改）
	12	2017年6月27日	《中华人民共和国行政诉讼法》（修改）
	8	2017年9月1日	《中华人民共和国核安全法》（制定）
	9	2017年9月1日	《中华人民共和国国歌法》（制定）
	10	2017年9月1日	《中华人民共和国中小企业促进法》（修订）
	13	2017年9月1日	《中华人民共和国法官法》（修改）
	14	2017年9月1日	《中华人民共和国检察官法》（修改）
	15	2017年9月1日	《中华人民共和国公务员法》（修改）
	16	2017年9月1日	《中华人民共和国律师法》（修改）
	17	2017年9月1日	《中华人民共和国公证法》（修改）
	18	2017年9月1日	《中华人民共和国仲裁法》（修改）
	19	2017年9月1日	《中华人民共和国行政复议法》（修改）
	20	2017年9月1日	《中华人民共和国行政处罚法》（修改）
	21	2017年11月4日	《中华人民共和国公共图书馆法》（制定）

续表

年度	序号	颁布时间	法律名称
2017	22	2017年11月4日	《中华人民共和国标准化法》（修订）
	23	2017年11月4日	《中华人民共和国反不正当竞争法》（修订）
	24	2017年11月4日	《中华人民共和国刑法修正案（十）》（修订）
	25	2017年11月4日	《中华人民共和国会计法》（修改）
	26	2017年11月4日	《中华人民共和国海洋环境保护法》（修改）
	27	2017年11月4日	《中华人民共和国文物保护法》（修改）
	28	2017年11月4日	《中华人民共和国海关法》（修改）
	29	2017年11月4日	《中华人民共和国中外合作经营企业法》（修改）
	30	2017年11月4日	《中华人民共和国母婴保健法》（修改）
	31	2017年11月4日	《中华人民共和国民用航空法》（修改）
	32	2017年11月4日	《中华人民共和国公路法》（修改）
	33	2017年11月4日	《中华人民共和国港口法》（修改）
	34	2017年11月4日	《中华人民共和国职业病防治法》（修改）
	35	2017年11月4日	《中华人民共和国境外非政府组织境内活动管理法》（修改）
	36	2017年11月4日	《全国人民代表大会常务委员会关于增加〈中华人民共和国香港特别行政区基本法〉附件三所列全国性法律的决定》
	37	2017年11月4日	《全国人民代表大会常务委员会关于增加〈中华人民共和国澳门特别行政区基本法〉附件三所列全国性法律的决定》
	38	2017年11月4日	《全国人民代表大会常务委员会关于中国人民武装警察部队改革期间暂时调整适用相关法律规定的决定》
	39	2017年11月4日	《全国人民代表大会常务委员会关于延长授权国务院在北京市大兴区等三十三个试点县（市、区）行政区域暂时调整实施有关法律规定期限的决定》
	40	2017年11月4日	《全国人民代表大会常务委员会关于在全国各地推开国家监察体制改革试点工作的决定》
2018	1	2018年2月24日	全国人民代表大会常务委员会关于延长授权国务院在实施股票发行注册制改革中调整适用《中华人民共和国证券法》有关规定期限的决定

续表

年度	序号	颁布时间	法律名称
2018	2	2018年3月11日	《中华人民共和国宪法修正案》（制定）
	3	2018年3月20日	《中华人民共和国监察法》（制定）
	4	2018年4月27日	《中华人民共和国人民陪审员法》（制定）
	5	2018年4月27日	《中华人民共和国英雄烈士保护法》（制定）
	6	2018年4月27日	《中华人民共和国国境卫生检疫法》（修改）
	7	2018年4月27日	《中华人民共和国进出口商品检验法》（修改）
	8	2018年4月27日	《中华人民共和国国防教育法》（修改）
	9	2018年4月27日	《中华人民共和国精神卫生法》（修改）
	10	2018年4月27日	《中华人民共和国反恐怖主义法》（修改）
	11	2018年4月27日	《中华人民共和国国家情报法》（修改）
	12	2018年4月27日	全国人民代表大会常务委员会关于设立上海金融法院的决定
	13	2018年4月27日	全国人民代表大会常务委员会关于国务院机构改革涉及法律规定的行政机关职责调整问题的决定
	14	2018年6月22日	全国人民代表大会常务委员会关于全国人民代表大会宪法和法律委员会职责问题的决定
	15	2018年6月22日	全国人民代表大会常务委员会关于中国海警局行使海上维权执法职权的决定
	16	2018年8月31日	《中华人民共和国个人所得税法》（修正）
	17	2018年10月26日	《中华人民共和国国际刑事司法协助法》（制定）
	18	2018年10月26日	《中华人民共和国消防救援衔条例》（制定）
	19	2018年10月26日	《中华人民共和国刑事诉讼法》（修正）
	20	2018年10月26日	《中华人民共和国人民法院组织法》（修订）
	21	2018年10月26日	《中华人民共和国人民检察院组织法》（修订）
	22	2018年10月26日	《中华人民共和国公司法》（修正）
	23	2018年10月26日	《中华人民共和国野生动物保护法》（修改）
	24	2018年10月26日	《中华人民共和国计量法》（修改）
	25	2018年10月26日	《中华人民共和国大气污染防治法》（修改）
	26	2018年10月26日	《中华人民共和国残疾人保障法》（修改）
	27	2018年10月26日	《中华人民共和国妇女权益保障法》（修改）

续表

年度	序号	颁布时间	法律名称
2018	28	2018年10月26日	《中华人民共和国广告法》（修改）
	29	2018年10月26日	《中华人民共和国节约能源法》（修改）
	30	2018年10月26日	《中华人民共和国防沙治沙法》（修改）
	31	2018年10月26日	《中华人民共和国农业机械化促进法》（修改）
	32	2018年10月26日	《中华人民共和国农产品质量安全法》（修改）
	33	2018年10月26日	《中华人民共和国循环经济促进法》（修改）
	34	2018年10月26日	《中华人民共和国旅游法》（修改）
	35	2018年10月26日	《中华人民共和国环境保护税法》（修改）
	36	2018年10月26日	《中华人民共和国公共图书馆法》（修改）
	37	2018年10月26日	《中华人民共和国船舶吨税法》（修改）
	38	2018年12月29日	《中华人民共和国农村土地承包法》（修订）
	39	2018年12月29日	《中华人民共和国公务员法》（修订）
	40	2018年12月29日	《中华人民共和国村民委员会组织法》（修正）
	41	2018年12月29日	《中华人民共和国城市居民委员会组织法》（修正）
	42	2018年12月29日	《中华人民共和国耕地占用税法》（制定）
	43	2018年12月29日	《中华人民共和国车辆购置税法》（制定）
	44	2018年12月29日	《中华人民共和国产品质量法》（修改）
	45	2018年12月29日	《中华人民共和国义务教育法》（修改）
	46	2018年12月29日	《中华人民共和国进出口商品检验法》（修改）
	47	2018年12月29日	《中华人民共和国预算法》（修改）
	48	2018年12月29日	《中华人民共和国食品安全法》（修改）
	49	2018年12月29日	《中华人民共和国电力法》（修改）
	50	2018年12月29日	《中华人民共和国高等教育法》（修改）
	51	2018年12月29日	《中华人民共和国港口法》（修改）
	52	2018年12月29日	《中华人民共和国企业所得税法》（修改）
	53	2018年12月29日	《中华人民共和国劳动法》（修改）
	54	2018年12月29日	《中华人民共和国老年人权益保障法》（修改）
	55	2018年12月29日	《中华人民共和国环境噪声污染防治法》（修改）
	56	2018年12月29日	《中华人民共和国环境影响评价法》（修改）
	57	2018年12月29日	《中华人民共和国民办教育促进法》（修改）

续表

年度	序号	颁布时间	法律名称
2018	57	2018年12月29日	《中华人民共和国民用航空法》（修改）
	58	2018年12月29日	《中华人民共和国职业病防治法》（修改）
	59	2018年12月29日	《中华人民共和国社会保险法》（修改）
	60	2018年12月29日	《中华人民共和国民用航空法》（修改）
	61	2018年12月29日	《中华人民共和国职业病防治法》（修改）
	62	2018年12月29日	《中华人民共和国社会保险法》（修改）
	63	2018年12月29日	全国人民代表大会常务委员会关于延长授权国务院在北京市大兴区等三十三个试点县（市、区）行政区域暂时调整实施有关法律规定期限的决定

表2　　　　　　　　2012—2018年国务院行政法规立法状况

年度	序号	颁布时间	行政法规名称
2012	1	2012年2月23日	《拘留所条例》（制定）
	2	2012年3月1日	《海洋观测预报管理条例》（制定）
	6	2012年3月30日	《机动车交通事故责任强制保险条例》（修改）
	3	2012年4月5日	《校车安全管理条例》（制定）
	4	2012年4月28日	《女职工劳动保护特别规定》（制定）
	5	2012年6月4日	《对外劳务合作管理条例》（制定）
	7	2012年6月28日	《无障碍环境建设条例》（制定）
	8	2012年8月29日	《气象设施和气象探测环境保护条例》（制定）
	9	2012年9月9日	《气象督导条例》（制定）
	10	2012年10月13日	《国内水路运输管理条例》（制定）
	11	2012年10月22日	《缺陷汽车产品召回管理条例》（制定）
	12	2012年10月24日	《期货交易管理条例》（修改）
	13	2012年11月9日	国务院关于修改和废止部分行政法规的决定（修改5件行政法规；废止5件行政法规）
	14	2012年11月12日	《农业保险条例》（制定）
	15	2012年11月9日	《企业名称登记管理规定》（修改）
	16	2012年11月9日	《殡葬管理条例》（修改）

续表

年度	序号	颁布时间	行政法规名称
2012	17	2012年11月9日	《税收征收管理法实施细则》（修改）
	18	2012年11月9日	《道路交通运输条例》（修改）
	19	2012年11月9日	《铁路交通事故应急救援和调查处理条例》（修改）
2013	1	2013年1月21日	《征信业管理条例》（制定）
	2	2013年1月30日	《信息网络传播权保护条例》（修改）
	3	2013年1月30日	《著作权法实施条例》（修改）
	4	2013年1月30日	《计算机软件保护条例》（修改）
	5	2013年1月31日	《植物新品种保护条例》（修改）
	6	2013年5月30日	《外资保险公司管理条例》（修改）
	7	2013年7月12日	《外国人入境出境管理条例》（制定）
	8	2013年7月18日	《煤炭生产许可证管理办法》（废止）
	9	2013年7月18日	《国务院关于废止和修改部分行政法规的决定》（修改25部）
	10	2013年8月17日	《铁路安全管理条例》（制定）
	11	2013年9月1日	《外国人入境出境管理法实施细则》（废止）
	12	2013年9月9日	《长江三峡水利枢纽安全保卫条例》（制定）
	13	2013年10月2日	《城镇排水与污水处理条例》（制定）
	14	2013年11月9日	《国际收支统计申报办法》（修改）
	15	2013年11月11日	《畜禽规模养殖污染防治条例》（制定）
	16	2013年12月7日	《国务院关于修改部分行政法规的决定》（修改16部）
	17	2013年12月11日	《全国年节及纪念日放假办法》（修改）
	18	2013年12月28日	《国务院关于劳动教养问题的决定》（废止）
	19	2013年12月28日	《国务院关于劳动教养的补充规定》（废止）
2014	1	2014年1月17日	《保守国家秘密法实施条例》（制定）
	2	2014年2月16日	《南水北调工程供用水管理条例》（制定）
	3	2014年2月21日	《社会救助暂行办法》（制定）
	12	2014年2月19日	《中外合资经营企业合营各方出资的若干规定》（废止）
	13	2014年2月19日	《〈中外合资经营企业合营各方出资的若干规定〉的补充规定》（废止）
	10	2014年2月19日	《国务院关于废止和修改部分行政法规的决定》（修改8部）

续表

年度	序号	颁布时间	行政法规名称
2014	14	2014年3月1日	《保守国家秘密法实施办法》（废止）
	7	2014年3月7日	《医疗器械监督管理条例》（修订）
	4	2014年4月25日	《事业单位人事管理条例》（制定）
	8	2014年4月29日	《商标法实施条例》（修订）
	11	2014年7月29日	《国务院关于修改部分行政法规的决定》（修改21部）
	5	2014年8月7日	《企业信息公示暂行条例》（制定）
	6	2014年11月24日	《不动产登记暂行条例》（制定）
	9	2014年11月27日	《外资银行管理条例》（修订）
2015	1	2015年1月30日	《政府采购法实施条例》（制定）
	2	2015年2月9日	《博物馆条例》（制定）
	3	2015年2月17日	《存款保险条例》（制定）
	4	2015年6月12日	《建设工程勘察设计管理条例》（修改）
	5	2015年6月14日	《中国公民往来台湾地区管理办法》（修改）
	6	2015年10月21日	《居住证暂行条例》（制定）
	7	2015年11月11日	《地图管理条例》（制定）
2016	1	2016年2月6日	《国务院关于修改部分行政法规的决定》（66件行政法规）
	2	2016年3月10日	《全国社会保障基金条例》（制定）
	3	2016年4月23日	《疫苗流通和预防接种管理条例》（修订）
	4	2016年5月17日	《农田水利条例》（制定）
	5	2016年6月19日	《海关稽查条例》（修订）
	6	2016年11月11日	《无线电管理条例》（修订）
	7	2016年11月30日	《企业投资项目核准和备案管理条例》（制定）
2017	1	2017年2月1日	《残疾人教育条例》（修订）
	2	2017年2月7日	《残疾预防和残疾人康复条例》（制定）
	3	2017年3月1日	《国务院关于修改和废止部分行政法规的决定》（对36部行政法规的部分条款予以修改；对3部行政法规予以废止）
	4	2017年3月16日	《农药管理条例》（修订）
	5	2017年4月14日	《大中型水利水电工程建设征地补偿和移民安置条例》（修订）
	6	2017年5月4日	《医疗器械监督管理条例》（修订）

续表

年度	序号	颁布时间	行政法规名称
2017	7	2017年5月28日	《中华人民共和国统计法实施条例》（制定）
	8	2017年7月16日	《建设项目环境保护管理条例》（修订）
	9	2017年8月2日	《融资担保公司监督管理条例》（制定）
	10	2017年8月6日	《无证无照经营查处办法》（制定）
	11	2017年8月22日	《志愿服务条例》（制定）
	12	2017年8月26日	《宗教事务条例》（修订）
	13	2017年9月27日	《中国人民解放军文职人员条例》（修订）
	14	2017年10月1日	《无照经营查处取缔办法》（废止）
	15	2017年10月5日	《机关团体建设楼堂馆所管理条例》（制定）
	16	2017年10月7日	《国务院关于修改部分行政法规的决定》（对15部行政法规的部分条款予以修改）
	17	2017年12月1日	《楼堂馆所建设管理暂行条例》（废止）
2018	1	2018年3月2日	《快递暂行条例》（制定）
	2	2018年3月19日	《中华人民共和国私营企业暂行条例》（废止）
	3	2018年3月19日	《中华人民共和国水污染防治法实施细则》（废止）
	4	2018年3月19日	《质勘查资质管理条例》（废止）
	5	2018年3月19日	《种畜禽管理条例》（废止）
	6	2018年3月19日	《劳动教养试行办法》（废止）
	7	2018年3月19日	《国务院关于修改和废止部分行政法规的决定》（对18部行政法规的部分条款予以修改；对5部行政法规予以废止）
	8	2018年6月28日	《奥林匹克标志保护条例》（修订）
	9	2018年6月29日	《人力资源市场暂行条例》（制定）
	10	2018年7月31日	《医疗纠纷预防和处理条例》（制定）
	11	2018年8月11日	《全国经济普查条例》（修订）
	12	2018年9月18日	《国务院关于修改部分行政法规的决定》（对10部行政法规的部分条款予以修改）
	13	2018年10月10日	《行政区划管理条例》（制定）
	14	2018年11月6日	《中华人民共和国消防救援衔标志式样和佩带办法》（制定）
	15	2018年11月6日	《专利代理条例》（修订）
	16	2018年12月18日	《中华人民共和国个人所得税法实施条例》（修订）

表 3　　　　　　　　　部分法律草案公开征求意见情况

序号	法律草案名称	征求意见时间	参与人数（人）	意见条数（条）
1	资产评估法（草案）	2012—02—29 至 2012—03—31	6372	156122
2	农业技术推广法修正案（草案）	2012—04—27 至 2012—05—31	1180	3244
3	证券投资基金法（修订草案）	2012—07—06 至 2012—08—05	1132	88226
4	劳动合同法修正案（草案）	2012—07—06 至 2012—08—05	131912	557243
5	老年人权益保障法（修订草案）	2012—07—06 至 2012—08—05	1418	56861
6	预算法修正案（草案）（二次审议稿）	2012—07—06 至 2012—08—05	19115	330960
7	环境保护法修正案（草案）	2012—08—31 至 2012—09—30	9582	11748
8	旅游法（草案）	2012—08—31 至 2012—09—30	544	2270
9	特种设备安全法（草案）	2012—08—31 至 2012—09—30	124	527
10	商标法修正案（草案）	2012—12—28 至 2013—01—31	145	544
11	消费者权益保护法修正案（草案）	2013—04—28 至 2013—05—31	1408	3240
12	环境保护法修正案（草案二次审议稿）	2013—07—19 至 2013—08—18	822	2434
13	消费者权益保护法修正案（草案二次审议稿）	2013—09—06 至 2013—10—05	640	1344
14	资产评估法（草案二次审议稿）	2013—09—06 至 2013—10—05	1360	32642
15	军事设施保护法修正案（草案）	2013—12—31 至 2014—01—30	15	25
16	行政诉讼法修正案（草案）	2013—12—31 至 2014—01—30	1483	5436
17	安全生产法修正案（草案）	2014—03—02 至 2014—04—01	3181	7142
18	航道法（草案）	2014—04—25 至 2014—05—24	445	1487
19	食品安全法（修订草案）	2014—07—01 至 2014—07—31	2468	8877
20	反间谍法（草案）	2014—08—31 至 2014—09—15	81	211
21	行政诉讼法修正案（草案二次审议稿）	2014—08—31 至 2014—09—20	1586	2300
22	广告法（修订草案）	2014—08—31 至 2014—09—30	1403	2380
23	立法法修正案（草案）	2014—08—31 至 2014—09—30	230	609
24	反恐怖主义法（草案）	2014—11—04 至 2014—12—03	1023	3295
25	刑法修正案（九）（草案）	2014—11—04 至 2014—12—03	15096	51362

续表

序号	法律草案名称	征求意见时间	参与人数（人）	意见条数（条）
26	广告法（修订草案二次审议稿）	2014—12—30 至 2015—01—19	1726	2238
27	食品安全法（修订草案二次审议稿）	2014—12—30 至 2015—01—19	878	2943
28	立法法修正案（草案二次审议稿）	2014—12—30 至 2015—01—19	109	218
29	大气污染防治法（修订草案）	2014—12—30 至 2015—01—29	971	5047
30	促进科技成果转化法修正案（草案）	2015—03—02 至 2015—04—01	97	260
31	国家安全法（草案二次审议稿）	2015—05—06 至 2015—06—05	288	1020
32	境外非政府组织管理法（草案二次审议稿）	2015—05—05 至 2015—06—04	255	1803
33	种子法（修订草案）	2015—05—05 至 2015—06—04	1559	8022
34	网络安全法（草案）	2015—07—06 至 2015—08—05	1564	4240
35	大气污染防治法（修订草案二次审议稿）	2015—07—06 至 2015—08—05	566	1762
36	刑法修正案（九）（草案二次审议稿）	2015—07—06 至 2015—08—05	76239	110737
37	资产评估法（草案三次审议稿）	2015—09—08 至 2015—10—07	753	3820
38	教育法律一揽子修正案（草案）	2015—09—08 至 2015—10—07	120	280
39	国家勋章和国家荣誉称号法（草案）	2015—09—08 至 2015—10—07	52	140
40	反家庭暴力法（草案）	2015—09—08 至 2015—10—07	8792	42203
41	慈善法（草案）	2015—10—31 至 2015—11—30	452	1843
42	深海海底区域资源勘探开发法（草案）	2015—11—6 至 2015—12—5	30	83
43	电影产业促进法（草案）	2015—11—6 至 2015—12—5	131	309
44	中医药法（草案）	2015—12—30 至 2016—01—29	13290	32487
45	野生动物保护法（修订草案）	2015—12—30 至 2016—01—29	1640	6205
46	慈善法草案二次审议稿修改稿	2016—01—11 至 2016—01—31	169	661

续表

序号	法律草案名称	征求意见时间	参与人数（人）	意见条数（条）
47	民办教育促进法修正案（草案二次审议稿）	2016—01—07 至 2016—02—06	321	1448
48	野生动物保护法（修订草案二次审议稿）	2016—04—27 至 2016—05—20	241	878
49	国防交通法（草案）	2016—05—04 至 2016—06—03	28	57
50	公共文化服务保障法（草案）	2016—05—04 至 2016—06—03	50	152
51	网络安全法（草案二次审议稿）	2016—07—05 至 2016—08—04	231	969
52	民法总则（草案）	2016—07—05 至 2016—08—04	13802	65093
53	红十字会法（修订草案）	2016—07—05 至 2016—08—04	102	473
54	环境保护税法（草案）全文	2016—09—06 至 2016—10—07	118	300
55	海洋环境保护法修正案（草案）条文	2016—09—06 至 2016—10—07	33	49
56	电影产业促进法（草案二次审议稿）全文	2016—09—06 至 2016—10—07	49	266
57	中医药法（草案二次审议稿）全文	2016—09—06 至 2016—10—07	1298	2951
58	公共文化服务保障法（草案二次审议稿）征求意见	2016—11—14 至 2016—12—13	27	102
59	测绘法（修订草案）征求意见	2016—11—14 至 2016—12—13	37	146
60	核安全法（草案）征求意见	2016—11—14 至 2016—12—13	485	2762
61	红十字会法（修订草案二次审议稿）征求意见	2016—11—14 至 2016—12—13	31	155
62	中小企业促进法（修订草案）征求意见	2016—11—15 至 2016—12—14	51	241
63	民法总则（草案二次审议稿）征求意见	2016—11—18 至 2016—12—17	960	3038
64	民法总则（草案三次审议稿）征求意见	2016—12—27 至 2017—01—26	660	2096
65	水污染防治法修正案（草案）征求意见	2016—12—27 至 2017—01—26	75	237

续表

序号	法律草案名称	征求意见时间	参与人数（人）	意见条数（条）
66	电子商务法（草案）征求意见	2016—12—27 至 2017—01—26	194	922
67	反不正当竞争法（修订草案）征求意见	2017—2—26 至 2017—3—25	465	1521
68	标准化法（修订草案）征求意见	2017—05—16 至 2017—06—14	252	1101
69	核安全法（草案二次审议稿）征求意见	2017—05—16 至 2017—06—14	127	409
70	国家情报法（草案）征求意见	2017—05—16 至 2017—06—04	251	773
71	公共图书馆法（草案）征求意见	2017—6—28 至 2017—7—27	101	458
72	农民专业合作社法（修订草案）征求意见	2017—6—28 至 2017—7—27	127	422
73	土壤污染防治法（草案）征求意见	2017—6—28 至 2017—7—27	140	724
74	国歌法（草案）征求意见	2017—6—28 至 2017—7—27	361	731
75	中小企业促进法（修订草案二次审议稿）征求意见	2017—6—28 至 2017—7—27	38	157
76	反不正当竞争法（修订草案二次审议稿）征求意见	2017—9—5 至 2017—9—24	98	354
77	标准化法（修订草案二次审议稿）征求意见	2017—9—5 至 2017—9—24	129	446
78	烟叶税法（草案）征求意见	2017—9—6 至 2017—10—5	18	56
79	人民检察院组织法（修订草案）征求意见	2017—9—4 至 2017—10—3	410	1226
80	人民法院组织法（修订草案）征求意见	2017—9—4 至 2017—10—3	180	578
81	电子商务法（草案二次审议稿）征求意见	2017—11—7 至 2017—11—26	291	692
82	监察法（草案）征求意见	2017—11—7 至 2017—12—6	3771	13268
83	农村土地承包法（修正案草案）征求意见	2017—11—7 至 2017—12—6	313	859
84	船舶吨税法（草案）征求意见	2017—11—7 至 2017—12—6	19	69

续表

序号	法律草案名称	征求意见时间	参与人数（人）	意见条数（条）
85	检察官法（修订草案）征求意见	2017—12—29 至 2018—01—27	7992	10438
86	法官法（修订草案）征求意见	2017—12—29 至 2018—01—27	11356	13650
87	人民陪审员法（草案）征求意见	2017—12—29 至 2018—01—27	202	641
88	国际刑事司法协助法（草案）征求意见	2017—12—29 至 2018—01—27	36	305
89	基本医疗卫生与健康促进法（草案）征求意见	2017—12—29 至 2018—01—27	31665	57075
90	英雄烈士保护法（草案）征求意见	2017—12—29 至 2018—01—27	420	1008
91	土壤污染防治法（草案二次审议稿）征求意见	2017—12—29 至 2018—01—27	102	494
92	刑事诉讼法（修正草案）征求意见	2018—05—09 至 2018—06—07	1190	2620
93	个人所得税法修正案（草案）征求意见	2018—06—29 至 2018—07—28	67291	131207
94	人民检察院组织法（修订草案二次审议稿）征求意见	2018—06—29 至 2018—07—28	296	1140
95	人民法院组织法（修订草案二次审议稿）征求意见	2018—06—29 至 2018—07—28	330	1028
96	电子商务法（草案三次审议稿）征求意见	2018—06—29 至 2018—07—28	317	1473
97	刑事诉讼法（修订草案二次审议稿）征求意见	2018—09—05 至 2018—10—04	424	996
98	综合性消防救援队伍消防救援衔条例（草案）征求意见	2018—09—05 至 2018—10—04	5683	13938
99	耕地占用税法（草案）征求意见	2018—09—05 至 2018—10—04	96	179
100	车辆购置税法（草案）征求意见	2018—09—05 至 2018—10—04	120	178
101	民法典各分编（草案）征求意见	2018—09—05 至 2018—11—03	111208	440491
102	药品管理法（修正草案）征求意见	2018—11—01 至 2018—12—01	601	1844
103	公务员法（修订草案）征求意见	2018—11—01 至 2018—12—01	29374	56778

续表

序号	法律草案名称	征求意见时间	参与人数（人）	意见条数（条）
104	基本医疗卫生与健康促进法（草案二次审议稿）征求意见	2018—11—01 至 2018—12—01	3244	6023
105	农村土地承包法（修正案草案二次审议稿）征求意见	2018—11—01 至 2018—12—01	362	934

参考文献

一 专著

陈立斌、刘力主编：《司法改革背景下人案矛盾破解研讨会论文集》，法律出版社2017年版。

陈甦主编：《民法总则评注》，法律出版社2017年版。

陈卫东主编：《刑事审前程序与人权保障》，中国法制出版社2008年版。

陈文兴：《法官职业与司法改革》，中国人民大学出版社2004年版。

陈泽宪编：《人权领域的国际合作与中国视角》，中国政法大学出版社2017年版。

封丽霞：《中央与地方立法关系法治化研究》，北京大学出版社2008年版。

冯玉军：《法治中国：中西比较与道路模式》，北京师范大学出版社2016年版。

高其才等：《基层司法》，法律出版社2009年版。

高其才等：《乡土司法》，法律出版社2009年版。

葛忠明：《中国残疾人福利与服务》，山东人民出版社2015年版。

顾培东：《社会冲突与诉讼机制》，四川人民出版社1991年版。

郭维真等：《2004 年中国财税法学研究综述》，载刘剑文主编《财税法论丛》第 7 卷，法律出版社 2005 年版。

贺卫方：《司法的理念与制度》，中国政法大学出版社 1998 年版。

侯猛：《中国最高人民法院研究：以司法的影响力切入》，法律出版社 2007 年版。

胡晓义主编：《走向和谐：中国社会保障发展 60 年》，中国劳动社会保障出版社 2009 年版。

胡云腾：《司法改革》，社会科学文献出版社 2016 年版。

怀效锋：《法院与法官》，法律出版社 2006 年版。

江国华：《中国监察法学》，中国政法大学出版社 2018 年版。

蒋惠岭：《司法改革的知与行》，法律出版社 2018 年版。

李步云：《论人权》，社会科学文献出版社 2010 年版。

李林、莫纪宏等：《中国法律制度》，中国社会科学出版社 2016 年版。

李林：《中国的法治道路》，中国社会科学出版社 2016 年版。

李林主编：《立法过程中的公共参与》，中国社会科学出版社 2009 年版。

李林主编：《中国依法治国二十年（1997—2017）》，社会科学文献出版社 2017 年版。

李林：《走向宪政的立法》，法律出版社 2003 年版。

栗燕杰：《中国社会保险的法治议题》，中国社会科学出版社 2013 年版。

梁慧星：《为了中国民法》，中国社会科学出版社 2013 年版。

林义、刘喜堂主编：《当代中国社会救助制度：兜底与脱贫》，人民出版社 2018 年版。

刘少军：《立法成本效益分析制度研究》，中国政法大学出版社 2011

年版。

刘树德：《司法改革：小问题、大方向》，法律出版社2012年版。

刘雁鹏：《较大的市立法研究》，中国社会科学出版社2017年版。

吕艳滨、田禾：《中国政府透明度（2009—2016）》，社会科学文献出版社2017年版。

莫纪宏：《国际人权公约与中国》，世界知识出版社2005年版。

强世功：《立法者的法理学》，生活·读书·新知三联书店2007年版。

秦前红、叶海波等：《国家监察制度改革研究》，法律出版社2018年版。

人力资源和社会保障部社会保险事业管理中心：《中国社会保险发展年度报告2016》，中国劳动社会保障出版社2017年版。

沈国明：《法治中国道路探索》，上海人民出版社2018年版。

苏力：《法治及其本土资源》（第三版），北京大学出版社2016年版。

孙代尧：《台湾威权体制及其转型研究》，中国社会科学出版社2003年版。

孙宪忠：《权利体系与科学规范：民法典立法笔记》，社会科学文献出版社2018年版。

谭世贵等：《中国法官制度研究》，法律出版社2009年版。

谭世贵主编：《国际人权公约与中国法制建设》，武汉大学出版社2007年版。

唐力：《司法改革论评》（第23辑），厦门大学出版社2017年版。

田禾、吕艳滨等：《中国地方法治实践（2005—2016）》，社会科学文献出版社2017年版。

田禾、吕艳滨等：《中国法治国情调研（2006—2016）》，社会科学文献出版社2018年版。

田禾、吕艳滨主编:《法治的尺度》,社会科学文献出版社 2018 年版。

田禾、吕艳滨主编:《中国法治发展:成效与展望(2002—2016)》,社会科学文献出版社 2017 年版。

田禾、吕艳滨主编:《中国立法与人大制度(2002—2016)》,社会科学文献出版社 2018 年版。

田禾、吕艳滨主编:《中国民商经济法治(2002—2016)》,社会科学文献出版社 2017 年版。

田禾、吕艳滨主编:《中国人权法治(2002—2016)》,社会科学文献出版社 2018 年版。

田禾、吕艳滨主编:《中国社会法治(2002—2016)》,社会科学文献出版社 2018 年版。

田禾、吕艳滨主编:《中国司法制度(2002—2016)》,社会科学文献出版社 2017 年版。

田禾、吕艳滨主编:《中国刑事法治(2002—2016)》,社会科学文献出版社 2017 年版。

田禾、吕艳滨主编:《中国政府法治(2002—2016)》,社会科学文献出版社 2017 年版。

王保树:《商法经济法的动与静》,法律出版社 2015 年版。

王利明:《法治:良法与善治》,北京大学出版社 2015 年版。

王启富、刘金国主编:《中国人权的司法保障》,厦门大学出版社 2003 年版。

王小梅、栗燕杰、张文广等:《中国司法透明度(2011—2016)》,社会科学文献出版社 2017 年版。

王晓晔:《王晓晔论反垄断法》,社会科学文献出版社 2010 年版。

吴鹏飞:《中国儿童福利权研究》,中国政法大学出版社 2015 年版。

吴英姿：《法官角色与司法行为》，中国大百科出版社 2008 年版。

鲜开林：《论特殊群体的人权——特殊群体的合法权益问题研究》，光明日报出版社 2015 年版。

肖扬：《当代司法体制》，中国政法大学出版社 1998 年版。

徐汉明等：《社会治理法治研究》，法律出版社 2017 年版。

俞荣根主编：《地方立法质量评价指标体系》，法律出版社 2013 年版。

岳礼玲主编：《中国刑事司法与人权》，法律出版社 2017 年版。

张晋藩：《中国近代监察制度与法制研究》，中国法制出版社 2017 年版。

张守文：《当代中国经济法理论的新视域》，中国人民大学出版社 2018 年版。

张文显：《公法与国家治理现代化》，法律出版社 2016 年版。

张文显：《社会法与法治社会建设》，法律出版社 2018 年版。

张文显：《私法与法治经济建设》，法律出版社 2017 年版。

张晓玲：《妇女与人权》，新华出版社 1998 年版。

郑功成主编：《中国社会保障发展报告 2017》，中国劳动社会保障出版社 2018 年版。

郑功成主编：《中华人民共和国社会保险法释义与适用指引——附军人保险法释义》，中国劳动社会保障出版社 2012 年版。

中国人权研究会编：《文化传统、价值观与人权》，五洲传播出版社 2012 年版。

周道鸾：《外国法院组织与法官制度》，人民法院出版社 2000 年版。

朱力宇主编：《地方立法的民主化与科学化问题研究——以北京市为主要例证》，中国人民大学出版社 2011 年版。

卓泽渊：《法政治学研究》，法律出版社 2011 年版。

左卫民等：《变迁与改革——法院制度现代化研究》，法律出版社2000年版。

左卫民等：《最高法院研究》，法律出版社2004年版。

二 论文

陈步雷：《社会法的当代转型和中国社会法建设》，《经济法研究》2018年第1期。

陈端洪：《立法的民主合法性与立法至上——中国立法批评》，《中外法学》1998年第6期。

陈光中、兰哲：《监察制度改革的重大成就与完善期待》，《行政法学研究》2018年第4期。

陈丽平：《物权法在举世关注的目光中走来》，《中国人大》2017年第4期。

陈甦：《商法机制中政府与市场的功能定位》，《中国法学》2014年第5期。

陈卫东：《职务犯罪监察的理论探讨与实践问题》，《中国人民大学学报》2018年第4期。

陈文兴：《论司法权国家化——以治理司法权地方化为视角》，《河北法学》2007年第9期。

丁一：《中国法学会财税法学研究会2002年年会综述》，《中国法学》2002年第6期。

冯玉军：《法经济学范式的知识基础研究》，《中国人民大学学报》2005年第4期。

冯玉军、王柏荣：《科学立法的科学性标准探析》，《中国人民大学学报》2014年第1期。

华中师范大学商法研究中心：《中国商法及商法学三十年》，《法学杂志》2009 年第 2 期。

黄勤武：《现代司法理念的反思——对照邓正来先生〈中国法学向何处去〉的检视》，《福建法学》2007 年第 4 期。

黄湘平：《中国证券行业自律组织的发展历程与趋势》，《中国金融》2010 年第 11 期。

黄勇、蒋潇君：《互联网产业中"相关市场"之界定》，《法学》2014 年第 6 期。

黄忠顺：《消费者集体性损害赔偿诉讼的二阶构造》，《环球法律评论》2014 年第 5 期。

江平、吴敬琏：《市场经济与法治经济——经济学家和法学家的对话》，《中国政法大学学报》2010 年第 6 期。

姜明安：《论监察法的立法目的与基本原则》，《行政法学研究》2018 年第 4 期。

蒋大兴：《"先照后证"与监管创新——以协同监管模式重塑"信用国家"》，《中国工商管理研究》2015 年第 11 期。

蒋岩波：《互联网产业中相关市场界定的司法困境与出路》，《法学家》2012 年第 6 期。

李后龙：《中国商事审判理念的演进》，《南京大学法律评论》2006 年春季号。

李林：《关于立法权限划分的理论与实践》，《法学研究》1998 年第 5 期。

李适时：《民法总则是确立并完善民事基本制度的基本法律》，《中国人大》2017 年第 4 期。

李志刚：《略论商事审判理念之实践运用》，《人民司法》2014 年第

15 期。

梁慧星：《统一合同法：成功与不足》，《中国法学》1999 年第 3 期。

林嘉、陈文涛：《论社会救助法的价值功能及其制度构建》，《江西社会科学》2013 年第 2 期。

刘凯湘、张其鉴：《公司资本制度在中国的立法变迁与问题应对》，《河南财经政法大学学报》2014 年第 5 期。

刘隆亨：《新〈预算法〉的基本理念、基本特征与实施建议》，《法学杂志》2015 年第 4 期。

刘松山：《再论人民法院的"司法改革"之非》，《法学》2006 年第 1 期。

苗连营：《论地方立法工作中"不抵触"标准的认定》，《法学家》1996 年第 5 期。

彭高建：《社会法建设的现状、问题及展望》，《中国机构改革与管理》2018 年第 11 期。

孙波：《论地方专属立法权》，《当代法学》2008 年第 2 期。

孙波：《试论立法质量的科学性标准》，《内蒙古民族大学学报》2006 年第 2 期。

童之伟：《〈物权法（草案）〉该如何通过宪法之门——评一封公开信引起的违宪与合宪之争》，《法学》2006 年第 3 期。

汪全胜：《立法的合理性评估》，《上海行政学院学报》2008 年第 4 期。

王保树：《商事审判的理念与思维》，《山东审判》2010 年第 2 期。

王利明：《论无效合同的判断标准》，《法律适用》2012 年第 7 期。

王希鹏：《国家监察权的属性》，《求索》2018 年第 7 期。

王锡财：《地方立法要正确理解不抵触原则》，《中国人大》2005 年第

5 期。

王兆国:《关于〈中华人民共和国物权法(草案)〉的说明——2007年3月8日在第十届全国人民代表大会第五次会议上》,《中华人民共和国全国人民代表大会常务委员会公报》2007年第3期。

魏振瀛:《我们需要什么样的民法总则——与德国民法比较》,《北方法学》2016年第3期。

肖扬:《努力推进改革 确保司法公正 以崭新姿态跨入新世纪——在全国高级法院院长会议上的讲话》,《中华人民共和国最高人民法院公报》2000年第1期。

闫坤、于树一:《论全球金融危机下的中国结构性减税》,《税务研究》2011年第1期。

杨思斌:《社会保险法实施的理论阐释与配套法规保障》,《中国劳动关系学院学报》2014年第2期。

[英]德里克·贝尔:《正义、民主和环境:一种自由主义的环境公民权概念》,杨晓燕译,《南京工业大学学报》(社会科学版)2013年第1期。

于大光:《必须法制化:社会主义初级阶段的党政关系》,《当代法学》1988年第2期。

俞光远:《中国财税法治建设30年》,《中国税务》2008年第12期。

张守文:《改革决定与经济法共识》,《法学评论》2014年第2期。

张守文:《税制变迁与税收法治现代化》,《中国社会科学》2015年第2期。

赵旭东:《中国商法三十年》,《中国法律》2012年第3期。

郑功成:《中国社会福利的现状与发展取向》,《中国人民大学学报》2013年第2期。

仲春：《互联网行业反垄断执法中相关市场界定》，《法律科学（西北政法大学学报）》2012年第4期。

周磊：《中国监察官制度的构建及路径研究》，《国家行政学院学报》2018年第4期。

朱景文：《中国特色社会主义法律体系：结构、特色和趋势》，《中国社会科学》2011年第3期。

朱力宇：《立法体制的模式问题研究》，《中国人民大学学报》2001年第4期。

朱孝清：《国家监察体制改革后检察制度的巩固与发展》，《法学研究》2018年第4期。

左卫民、朱桐辉：《谁为主体　如何正义——对司法之主体性理念的论证》，《法学》2002年第7期。

三　报纸

贺小荣、何帆、马渊杰：《〈最高人民法院关于巡回法庭审理案件若干问题的规定〉的理解与适用》，《人民法院报》2015年1月29日第5版。

江苏省高级人民法院民一庭课题组：《引导消费维权强化司法保护》，《江苏法制报》2012年3月13日第A07版。

王敏远：《破解司法责任制落实中的难点》，《人民法院报》2015年9月26日第2版。

王治国、戴佳：《检察机关依法保障律师执业权利》，《检察日报》2015年8月19日第1版。

杨立新：《民法总则：当代法治精神的鲜明体现》，《北京日报》2017

年 3 月 20 日第 13 版。

赵晓力：《反哺模式与婚姻法》，《法制日报》2011 年 8 月 20 日第 7 版。

索　引

巴勒莫议定书　195，197

财产关系　96

沉默权　186

城乡居民大病保险　143，148

慈善法治　163

从严治党　4，199，200，203—205，207—209，211，217

多元化纠纷解决　7，75—77，92

遏制挥霍浪费　202

儿童福利　151，198

法律　1，4，5，9—21，23—25，27，29，35，38—42，44，46，48，51，53—56，58，61，63—65，68，69，71，73，74，78—81，83—85，87—101，104—109，111—113，118—120，122—126，129，130，133，136—139，141，142，145，149，150，152—155，157—159，161，165—170，172，174，176，178，179，182，184，187—190，193，195，197，207，208，211，215—217

法律适用　17，67，83，84，99，100，113，190，194

法律体系　12，16，17，96，98，111，112，119，133，149，173，176，199

法制　1—3，8，9，12，14，27，36，38，42，43，47，77，89，97，98，104，112，

114，166，169，171，184，189，196，197

法治　1—8，14，15，18，21，26，27，34，36，39，41，44，45，51，53，56，58，64，65，85，87，89，94，96—98，102，104，110，111，113，114，116，117，119—122，129，134，136，139—141，145，146，151，153—157，159，160，163—171，173，175，176，178，183—185，190，194，195，200，205，207，213，214

法治国家　1—3，6，7，21，23—25，57，58，64

法治经济　97，111

法治社会　2，3，7，24，25

法治思维　8，189，205

法治政府　2，3，5—7，23—25，28，30，33，35，40，45，46，48，50—52

反不正当竞争　119，121，123—126

反腐败　200，205，209，211—214，217

反垄断　119，121—123

非法证据排除规则　185，190

公益诉讼　14，68，72—74，104，126，128，172

公正司法　3，6，53，58，61，185

国家监察体制改革　200，214—217，224，226

国家赔偿　186，188—191，219

国家人权行动计划　175

合同法　96，100，112—114，118，137

户籍改革　12，180

婚姻法　96—99

婚姻家庭　92，96，97，99

基本公共服务　13，156，165，180

基本养老保险　140—142，145，149，155，157，165，166，169，172，180

基本医疗保险　139，140，142，143，148，149，157，160—162，165，166

监察委员会　55，199，214—217

检察制度 53，55
教育救助 147，148
金融创新 134，135，137
金融风险 134，136
金融监管 120，134，135，138
经济发展 10，16，26，31，98，101，106，110—112，115，120，121，123，142，177
纠纷化解 171
军人保险 142，164
开门立法 9，18
科学立法 3，4，9，18，19，53，58，185
跨行政区划法院 6，70
劳动教养 6，13，88，182—185
立案登记制 6，92，93，172，188
立法公开 21
立法规划 21，22
立法机关 17，21—23，54，60，102
立法计划 21，22
立法评估 16，19
立法效率 20，21
立法质效 21

立法主体 9，17
廉政 199，200，205，207，209，211，217
廉政法治体系 199，205
临时救助 14，147—149，163
民法通则 96，104，105，107，109，137
民法总则 5，97，105—109，235
民主立法 4，9，18，19，21
纳税人权利 131
平等就业 180
侵权责任法 96，104
权利保障 9，13，81，165，184，188
全民守法 3，7，53，58，169，185
人财物统管 57，62
人道 174
人权 13，40，70，88，108，150，174—176，185，186，188—190，193，194，213
人权入法 174
人权入宪 174
人身关系 96—98

人性　174

仁爱　174

弱势群体保护　139

商事立法　98，111，112，117

设区的市　18

社会保险　31，139—142，144—146，155，157—160，162，165—170，172，173，225

社会保障　11，34，131，139—141，143—146，151，155—165，167，171，172，180，182

社会福利　149，152，165，170，247

社会救助　14，139，146—149，160，163—165，167，170，171，173，230

社会立法　140，158，162，163，166

社会主义法律体系　2，4，5，9

社区矫正　13，56，182，184，185

审判制度　53，83

市场监管　27，36，42，43，116

市场经济　96—98，102，103，105，106，110，111，113，115—117，119—122，126，134，135

市场竞争　116，120—122，124，125

税收法定　12，130，133，134

司法保障　63，88，183，185，186，188，189

司法改革　6，56—60，65，67，68，72，79，83，88，90，93—95

司法公信力　6，68，70，89，188

司法救助　89，187，188

司法人员分类管理　57，65，66

司法体制改革　6，57，58，62，65，67，75，94，176，188

司法行政管理制度　53

司法责任制　6，75，78，79，93，95，188

司法职权配置　7，68，188

司法制度　53，56—58，172

私权　106—108，126，211

特困人员救助供养　149

同工同酬　180

土地承包　101，102
物权法　96，102，103，107
刑事速裁　77，186，187
巡回法庭　6，68，69
严格执法　3，5，41，53，58，170，185
医疗救助　139，143，147，148，161
依法执政　2—4，24
依法治国　1—5，7，13，24，57，58，68，154，199，203，205—207，211
疑罪从无　188—190

于法有据　4，12，17
员额制　21，65—67，93—95
执法检查　15，19，20
执行难　70，71
职业保障制度　57，61
中国人权白皮书　184
中国特色人权法治发展道路　175
中央八项规定　202
中央纪律检查委员会　205
最低生活保障　147—149，165，167
罪刑法定　188

后　记

本书是中国社会科学出版社《理解中国》丛书之一，希望用简短的文字对近几年来中国法治发展的状况进行描述，以便让中外读者直观了解中国在依法治国、建设社会主义法治国家进程中取得的进展、尚存在的问题以及未来发展的方向。

本书含导论总计九大部分，涉及立法、法治政府、司法制度、民商经济法治、社会法治、人权保障、廉政法治等领域；是基于近年来中国社会科学院法学研究所、国际法研究所及兄弟单位学者对中国相关领域法治发展进行实证观察的成果，而进行的进一步的总结和浓缩。全书是多位学者共同完成的，具体分工如下：

导论：田纯才、田禾；

第一章：刘雁鹏；

第二章：王小梅；

第三章：胡昌明；

第四章：谢鸿飞、夏小雄；

第五章：姚佳；

第六章：栗燕杰；

第七章：赵建文、孙谦、刘仁文、柳华文、王祎茗等；

第八章：田禾、徐斌等。

中国社会科学出版社党委书记、社长赵剑英，总编辑助理王茵十分重视本书的编撰与出版工作，在此深表谢忱。

编　者

2018 年 12 月